中学校
国語の授業がもっとうまくなる50の技

小林 康宏
Kobayashi Yasuhiro

はじめに

　小学校低学年の子どもたちは，国語が大好きです。

　みんなで劇をやったり，音読をしたり，楽しい活動に対して，目を輝かせて取り組みます。けれども，小学校高学年になるにつれ，「長い文章を読んだり，書いたりする国語は嫌い」という子が少しずつ増えてきます。

　そして，中学生。

　「国語はつまらない」という思いをもつ割合はとても多くなります。

　その大きな要因が，３つあります。

　１つ目は，「活動が単調」ということです。

　例えば，小説を学ぶとき，登場人物の心情の変化などについて，教師の発問に答え，意見交換をして，教師からの解説を聞くということが毎度毎度繰り返されます。

　教材は違っても行う活動は同じ，という状態では，はじめは興味をもって取り組んでいても，そのうちに飽きてしまいます。

　では，なぜ活動が単調になってしまうのでしょうか。

　それは，教師側が，活動のバリエーションを持ち合わせていないことに他なりません。「故郷」などの文学的文章に対する知識はものすごくあっても，言語活動に対する知識が貧弱では，生徒にとって授業は魅力的になりません。

　２つ目は，「ついた力の手ごたえがない」ということです。

　「国語って，テスト勉強のしようがない」という生徒はたくさんいます。「故郷」を学び，「私」が自らの置かれた状況の中，未来に向けて一筋の光明を得たということは理解できた。けれども，それを読み取ったとしても，次の期末テストで初見の文章が出たら何の役にも立たない，ということです。

　教師や生徒の意識が，教材の内容理解に偏っているために，内容を理解す

るために使い，次の課題解決のために働く力について，無自覚になっている
のです。

　3つ目は，「教師の話が長い」ということです。
　教師が解説することは，当然必要です。けれども，中学校の国語の授業で
は，生徒が考えて答えを述べなければならないようなことを，教師が話して
しまっている場合が少なくありません。その結果，時には教師の話がとても
楽しい場合もあるのですが，とにかく教師の話を聞いて，板書されたことを
ノートに写すという退屈な授業になります。

　そこで本書は，このような状態から脱出し，もっと国語の授業がうまくな
るための技を50個示しました。

　まず，「教材が変わっても，結局やることは一緒」という状態から脱する
ために，「読むこと」や「書くこと」などの領域別に様々な言語活動の方法
を示しました。
　また，2017年度版の学習指導要領では，「言葉による見方・考え方」を働
かせることが，目標の筆頭にあげられていますが，初見の教材に対しても働
かせられる「言葉による見方・考え方」を獲得でき，ついた力の手ごたえが
得られる授業展開や言語活動の方法を示しました。
　そして，生徒が退屈せず，活躍できるような，板書，発問・指示の仕方，
発言のさせ方，教室の雰囲気づくりについても示しました。
　中学校の国語の教師は，国語の教材解釈と共に，国語の授業づくりに関し
てもエキスパートであるべきです。本書を活用し，生徒にとって，楽しく力
がつく授業が行われることを期待します。

　2019年4月

　　　　　　　　　　　　　　　　　　　　　　　　　　　小林　康宏

もくじ

はじめに

第1章
1時間の授業づくりが
もっとうまくなる4の技

1 ゴールとルートをはっきり示す　010

2 自分の考えをもつ時間をつくる　014

3 かかわり合って，考えを深め，広げる時間をつくる　016

4 フィードバックと価値づけをする　018

第2章
単元づくりが
もっとうまくなる4の技

5 4つのゴールでモチベーションを高める　022

6 文学的文章の単元は3つのステップで展開する　026

7 説明的文章の単元は4つのステップで展開する　028

8 スピーチ，書くことは材料集めで勝負する　030

もくじ

第3章

もっと「言葉による見方・考え方」の鍛え方がうまくなる**3**の技

9 学年別に中心となる「見方・考え方」を押さえる　034

10 論理ゲームで「見方・考え方」を楽しませる　036

11 教材に落とし込んで「見方・考え方」を鍛える　038

第4章

もっと読むことの授業がうまくなる**11**の技

12 理由づけの仕方を身につけさせる　042

13 反復表現に目をつけ比較させる　044

14 クライマックスと首尾の呼応に目をつけさせる　046

15 立場を変えて書き換えさせる　050

16 言葉の入れ替えによる変化を比較させる　052

17 アイテムの意味を考えさせる　056

18 「4つの係」に分かれ小説を楽しく読み取らせる　058

19 文章と図表を往復させる　062

20 3つの問いで説明文を読み取らせる　064

21 比較読みで3つの力を鍛える　066

22 コラムを使って初見の読みを鍛える　068

第5章

話し合い，スピーチの授業がもっとうまくなる5の技

23　スピーチは仲間に向けてさせる　072

24　何ができればよいのかを具体的に示す　074

25　モデルにならって話し合いをさせる　078

26　4つのステップを踏んでスピーチをつくらせる　080

27　「アフター4紹介スピーチ」でお互いを理解させる　082

第6章

書くことの授業がもっとうまくなる6の技

28　自分だけの資料リストをつくらせる　086

29　意見文は意見文マップを使い論理的につくらせる　088

30　正しく，反論，再反論させる　092

31　修学旅行をドラマにさせる　094

32　1分間でどれだけ視写できるか挑戦させる　096

33　魅力的な自己PR文を書かせる　098

第7章

もっと 古典の授業が うまくなる4の技

34　たくさん音読・群読せる　102

35　4つのステップを踏み，生徒の力で内容理解をさせる　104

36　穴あき文を埋めさせる　108

37　視点の転換，文体の模倣で古文を楽しむ　110

第8章

もっと 漢字・文法指導が うまくなる3の技

38　ペアで新出漢字に親しませる　114

39　授業開始3分前から漢字テストをする　116

40　小説の読解とリンクして文法指導をする　118

第9章

もっと 板書・ノート指導が うまくなる4の技

41　ゴールとルートがはっきりした板書にする　122

42　ホワイトボードで意見を見合う　124

43 ３つのポイントを大切にしてノートチェックをする　126

44 ワークシートに頼らずノートを使わせる　128

第10章

発言のさせ方，発問・指示が_{もっと}うまくなる**3**の技

45 ４つのポイントで発問・指示をする　132

46 挙手を待たずに指名する習慣をつける　136

47 フォーマットに合わせて発言させる　138

第11章

学習する空気のつくり方が_{もっと}うまくなる**3**の技

48 生徒をやる気にする３つの原則を意識する　142

49 生徒のやる気を削ぐ２つのタブーに気をつける　146

50 ほめて，ほめて，表現を引き出す　148

第 **1** 章

1時間の
授業づくりが
もっと
うまくなる4の技

1 ゴールとルートをはっきり示す

ポイント

1 今日の授業の行き先を示す
2 活動の流れを示す
3 何に目をつけて，どう考えればよいのかを考えさせる

1 今日の授業の行き先を示す

　一般的に中学生は部活動の方が授業よりも一生懸命取り組みます。

それはなぜでしょうか。

　「好きなことをやっているから」ということももちろんありますが，「目的がはっきりしているから」ということも理由の大きな1つでしょう。

　「1か月後の大会で勝ちたい」とか，「今日こそはストレートのコースにスパイクを決められるようになりたい」とか，部活動には明確な目的があります。

　それに比べて授業では，教師の側には明確なねらいがあっても，それが生徒に意識されていなければ，教科書の本文を読み，教師からの質問に答えることをはじめとした様々な活動は，生徒にとってはあたかも霧の中を歩いているのと同じです。

　従って，生徒がやる気になる授業をするために，授業のはじめに生徒に示すべきは，今日の授業の目的です。

　ただし，このときに気をつけるべきことがあります。

　それは，**活動を示すのではなく，到達点を示す**ということです。

第1章　1時間の授業づくりがもっとうまくなる4の技

　例えば「少年の日の思い出」の精査・解釈を行うとき。

　「『僕』がちょうをつぶした理由を話し合おう」という学習課題にすると，生徒にとっては「話し合えばよい」ということになってしまいます。しかし，話し合うこと，話し合いを成立させることが目的ではありません。「『僕』がちょうをつぶした理由を理解しよう」といったように，**授業の終末にどうなっていたいのか」という学習課題を示す方が適切**です。

　もしくは，「『僕』はどうしてちょうをつぶしたのだろうか」といったように，**解決したい疑問を学習課題にする**とよいでしょう。この場合も，ちょうをつぶした理由を突き止めることが授業の目的になります。

2　活動の流れを示す

　授業のゴールを設定したら，次はルートを設定します。

　例えば東京から大阪に自動車で行く場合も，高速道路を通って速く行くのか，一般道を通ってゆっくり行くのかといったことを決めます。そうすることにより，どんな旅行にするのか見通しが立ちます。

　授業の場合のルートは，**「活動の流れ」**と**「思考の流れ」つまり「見方・考え方」**の2つです。

　活動の流れはもう少し詳しく述べると次のようになります。

　まず，『僕』の心情を解釈するヒントとなる箇所に線を引く。次に『僕』の心情を考えてノートに書く。そうしたらグループになってお互いが考えたことを発表し合い，その後検討する。

　このように一つひとつの活動を順に生徒に示すことで，生徒は1時間の授業の流れをつかむことができ，見通しをもって活動することができます。

　けれども，活動の流れを示しても，その後の個人追究の際，鉛筆がまったく動かない，といったことがよくみられます。

　そこで必要になるのが「見方・考え方」です。

3 何に目をつけて, どう考えればよいのかを考えさせる

自動車を運転して大阪に行く例にならえば, どこで高速道路に乗って, どこのサービスエリアで休憩して…といったことが「活動の流れ」, 一方どうやってアクセルを踏んだり, ブレーキをかけたり, ハンドルを操作したりして運転するのかといったことが「見方・考え方」に当たります。

もし経由地がわかっていたとしても, 肝心の自動車を運転する技術がなければ, 旅行に出かけることすらできません。

授業も「見方・考え方」という運転技術があることにより, 学習課題の到達に向けて生徒は進むことができるのです。

では, どのようにして本時に働かせる「見方・考え方」を設定するとよいのでしょうか。

「少年の日の思い出」で言えば, 「『僕』がちょうをつぶした理由を理解しよう」という学習課題を解決するために生徒が働かせる「見方・考え方」はどんなもので, どのように設定すればよいのかということです。

まず, 働かせる「見方・考え方」は, 基本的には学習指導要領に書かれていることを基にしたものになります。

各領域の指導事項が本時の学習課題に当たり, そして〔知識および技能〕に書かれているものが「見方・考え方」の基になることが多いです。

「『僕』がちょうをつぶした理由を理解しよう」という学習課題は「読むこと」領域の指導事項「ウ　目的に応じて必要な情報に着目して要約したり, 場面と場面, 場面と描写などを結び付けたりして, 内容を解釈すること」に対応するものです。

次に「見方・考え方」についてです。

「僕」がちょうをつぶす場面の最後の一文には, 「僕」の心情をよく示す反復表現が出てきます。

そこで, 「見方」としては, 〔知識及び技能〕の「(1) 言葉の特徴や使い方に関する事項」の「オ　比喩, 反復, 倒置, 体言止めなどの表現の技法を

第1章　1時間の授業づくりがもっとうまくなる4の技

理解し使うこと」が参考になります。

「考え方」としては，〔知識及び技能〕の「(2)　情報の扱い方に関する事項」の「イ　比較や分類，関係付けなどの情報の整理の仕方，引用の仕方や出典の示し方について理解を深め，それらを使うこと」が参考になります。

まとめると，**「反復表現に目をつけて，反復表現があるときとないときを比較する」**というのが，この授業で働かせたい「見方・考え方」になります。

では，授業の中ではどのように設定すればよいのでしょうか。

タイミングは，**導入時の学習課題を設定したすぐ後の，個人追究に入る前**です。ここで，この授業で働かせる「見方・考え方」がはっきりすることにより，生徒の多くはスムーズに個人追究に入ることができます。

また，導入で設定した「見方・考え方」をこの後の個人追究や共同追究で一貫して働かせていくことによって，学習課題の解決ができると共に，「見方・考え方」が豊かになっていきます。

次に，「見方・考え方」はだれが示すのかという点についてです。

小学生なら，子どもの「見方・考え方」には限りがあるので，教師側から示すことも多いと思います。けれども，中学生になったら，生徒から授業で働かせる「見方・考え方」を出せるようになることが望ましいでしょう。

学習課題に対して，どのような「見方・考え方」を働かせると解決できるのかを考える習慣をつけることにより，国語ばかりではなく，様々な教科や実際の場面での課題解決力が身につきます。

学習課題を設定した後，生徒に次のように問いかけることを続けていきましょう。

> どこに目をつけて，どう考えたらよいでしょうか？

こう問いかけることで，生徒はこれまでの経験等を基にして，課題を解決するための「見方・考え方」は何か自分に問いかけ，解決方法を生み出していきます。

2 自分の考えをもつ時間をつくる

ポイント
1 　1人で考える時間を設定する
2 　モデル，ペアの活用をする

1 　1人で考える時間を設定する

　ゴールとルートの設定をしたら，まず生徒一人ひとりの考えをつくる時間をとります。

　学習課題を設定し，見通しをもたせた段階ですぐにペアやグループでの話し合いをする授業にはしません。

　学習したことは，生徒一人ひとりの力になっていくものだからです。

　自分の考えすらもてない段階でペアやグループでの話し合いをしてしまうと，考えを浮かべるのが速い生徒は活躍することができますが，じっくりと考えるタイプの子は話し合いに積極的にかかわることができません。

　また，国語が苦手な生徒にとっては，話し合いを聞いているだけになり，ペアやグループで考えた意見をノートに書く際にも，友だちの考えを写すだけになってしまいがちです。

　従って，生徒一人ひとりにしっかりと力をつけていくためには，**まず課題に対して自分の考えをつくる時間をしっかりと確保することが必要**です。

2 　モデル，ペアの活用をする

第1章　1時間の授業づくりがもっとうまくなる4の技

　個人追究に入ったときに，ノートに鉛筆をスイスイと動かしていくことは理想です。ですが，実際にはなかなか自分の考えが浮かばずに立ち往生するといったこともあります。

　そういったときには，考えが浮かぶための手立てが必要になります。その手立ては大まかに言って2つです。

　1つは，**モデルを示す**ことです。

　モデルには3つのタイプがあります。

　1つ目は教師がモデルを示すことです。

　なかなか鉛筆が動かないときに，いったん活動を止めさせます。そして，教師がモデルを示します。「例えばこういうことです」と生徒に示します。

　2つ目は生徒の考えをモデルとして示すことです。早く自分の考えをもてた生徒に発表させます。

　そして3つ目は考え方の流れを示すことです。

　「私は○○だと考えた。□という表現が反復されているものといないものを比較すると，反復されていないものからは～という感じがする。一方，…」といったように，空欄を埋めればよい形で考え方のモデルを示します。

　ただし，考え方の流れを示すのは，個人追究に入る前に行う必要があります。個人追究の途中で示すと，すでに考えをノートに書いている生徒もいるので授業が混乱します。

　手立てのもう1つは，**ペアを活用する**ことです。

　どのように考えていけばよいのか，隣の席の生徒同士で相談します。

　「どう考えたらいいと思う？」

　「よくわかんないけど，こういうことかなぁ…」

などと話し合っているうちに「そうか！」とひらめいたりすることもあります。ペアで相談することによって，思考を活性化させるのです。

　このようにして，モデルやペアを活用して，生徒が考える見通しをもったら再び個人追究に戻し，自分の考えをつくらせていきます。

3 かかわり合って，考えを深め，広げる時間をつくる

> **ポイント**
> 1 「目的」「内容」「方法」「その後」をはっきりする
> 2 3つの反応を使い分けさせる
> 3 意図によってメンバーを変える

1 「目的」「内容」「方法」「その後」をはっきりする

　ペアやグループ等での生徒同士のかかわり合いを活発にして，学習効果を高めるためには，活動に入る前に4つのことをはっきりさせておく必要があります。

　1つ目は，何のために話し合いをするのかという「目的」をはっきりさせることです。2つ目は，一人ひとりが自分の考えの「内容」をもっているということです。3つ目は，どうやって話し合いを進めるのかという「方法」がはっきりしていることです。4つ目は，少人数での話し合いをした後，発表するのか，再び自分の考えをノートに書くのかなどの「その後」がはっきりしているということです。

　これら4条件がそろっていることにより，生徒は意欲的に話し合いをしようという意識になります。

2 3つの反応を使い分けさせる

　少人数での話し合いでよくあるのが，1人が意見を出すと，「はい，次は

Ａさんね」といった形で，意見発表のみを繰り返していくものです。これでは，お互いの学習を深めることも，広げることもできません。また，せっかく意見を言っているのに言いっ放しになってしまうのでは，意見を言うことに空しさを感じるでしょう。

そこで必要なのが，意見に対する反応をするということです。反応の仕方には大きく３つあります。１つ目は，自分と同じような意見を聞いたときの「そう，そう，私もそう思ったよ」といった**「同調，共感」**です。２つ目は，自分には考えつかなかったような意見を聞いたときの「なるほど，それは思いつかなかったよ」といった**「発見，驚き」**です。３つ目は違和感をもつ意見を聞いたときの「ちょっとよくわからなかったので，もう少し詳しく説明して」といった**「疑問」**です。グループで順に意見を言う場合に，次の人は自分の意見を言う前に，３つの反応を使って相手の意見にひと言言うといったことから始めて，意見を言い，反応する習慣をつけさせましょう。

3 意図によってメンバーを変える

生活班での４人組の話し合いでも，お互いの意見の異なる点，重なる点を聞き合い，自分と比べることにより，考えを深めたり，広げたりすることができます。一方，**考えが似ているか，違っているかを基準にしてグループ編成を変えることで，一層考えを深めたり，広げたりすることができます。**

例えば，「『走れメロス』のメロスは英雄だと思うか，思わないか」という課題に対して，それぞれの立場に分けてグループをつくり，「反対の立場の人を説得させる考えをつくろう」と投げかけると，考えを深める話し合いをすることができます。

一方で，異なる考えの立場同士でグループをつくり「相手の意見のなるほどというところを見つけよう」と投げかけると，考えを広げる話し合いをすることができます。

4 フィードバックと価値づけをする

ポイント

1 振り返る前に自分の考えを再びつくらせる
2 3つの視点で振り返らせる
3 活用への働きかけをする

1 振り返る前に自分の考えを再びつくらせる

ペアやグループでのかかわり合いや学級全体でのかかわり合いの時間の後，すぐに今日の授業の振り返りをする，ということは避けるべきです。かかわり合う時間が終わった後には，再び1人になって自分の考えをつくる時間をとります。

理由は2つです。

1つ目は，**かかわり合う学習を行うのは，一人ひとりの力を高めるためだから**です。ペアやグループでの学習で深まった考え，学級全体でのかかわり合いで広がった考えは，それを書き，まとめる活動がなければ，授業の中での一過性のものに終わってしまいます。授業の終盤で考えをまとめることにより，高まった考えをしっかりと意識し，残すことができます。

2つ目は，**生徒の評価をするため**です。授業のねらいの一人ひとりの達成状況は，生徒が授業の中でまとめたものがあることにより把握することができます。

第1章 1時間の授業づくりがもっとうまくなる4の技

2 3つの視点で振り返らせる

　一人ひとりが終末での考えをまとめたら，授業の振り返りを行います。

このときに**避けなければならないひと言**が，次の言葉です。

> 今日の授業の感想を教えてください。

　授業の振り返りをする大きな目的は，学習した内容と働かせた「見方・考え方」を確認することで，学習した内容に対する達成感・満足感をもち，働かせた「見方・考え方」の有効性を自覚し，しっかりと定着させることです。

　したがって，生徒が振り返ることは，その授業で学んだ内容や，働かせた「見方・考え方」に沿ったものでなければなりません。

　「感想を教えてください」と聞いた場合，生徒の反応はどうなるでしょうか。授業の感想なのですから「今日の授業はまあまあ楽しかった」とか「やっぱり国語は眠くなる」といった反応をしてもよいということになります。

　まず生徒に振り返らせるのは次の2つです。

> ❶今日の授業でできるようになったこと，あるいは，わかったこと
> ❷どこに目をつけて，どう考えたらよかったか

　❶は授業で設定した「学習課題」の達成に対応した振り返り，❷は本時で働かせた「見方・考え方」に対応した振り返りです。さらに学級で仲間と共に学ぶよさを意識し，お互いの学習内容や「見方・考え方」を共有し合うためには，もう1つ振り返る視点があります。

> ❸友だちの考えで参考になったこと

　振り返りで参考になったと言われた生徒は，自分の考えに自信をもてます。

019

また，参考になった友だちの考えは何かを自分に問うことを繰り返していくことで，仲間に学ぼうという意識をもつことにつながります。

これまであげた３つの振り返りは，授業終了５分くらい前にノートや学習カードに書かせることによっても可能です。けれども，授業終了５分前の時間帯というのは，授業が佳境に入っている場合も多いですし，改めて自分の考えを書いている場合もあります。そこで，短時間で振り返りをするためには，**授業終了の１，２分前から隣の席の生徒同士でペアになり，３つの視点でお互いに問答するという方法がベスト**です。ペアでの振り返りを終えた後に，日直など代表の生徒をペアにして問答させると，改めて，この授業で得た内容，働かせた「見方・考え方」，友だちとの学びの価値を共通認識することができます。

3 活用への働きかけをする

例えば，文学的文章の解釈を行う際に，登場人物のもっているものが重要な意味をもっているということを学習した授業で，学習した読み方を他の文学的文章の解釈にも使ってみようと思う生徒はそれほど多くはありません。

それでは，せっかく学習したのにもったいないです。

日常の中で使うことにより，学んだことは一層身についていきますし，使わなければ忘れてしまいます。

そこで，授業の終末，終了直前に生徒に次のように尋ねてみることをおすすめします。

> **今日勉強したことは，どこで使えそうですか？**

生徒からは，例えば「今，図書館で借りている小説を読むときに使えそう」といった反応があります。そういった反応を捉えて，全体に広げていきましょう。

第**2**章

単元づくりが
もっと
うまくなる**4**の技

5 4つのゴールでモチベーションを高める

> ## ポイント
>
> 1 今の自分に役立つことを意識させる
> 2 こんな姿になりたいと思わせる
> 3 対立した考えに決着をつける
> 4 お互いのことを知り合う

1 今の自分に役立つことを意識させる

「自分にとって，この学習の必要性は何だろう？」

この疑問に対するはっきりした答えがあることにより，生徒は学習に対して前のめりになります。

そこで，教材や領域の特性に合わせて，上にあげた４つのポイントを使い分けたり，合わせたりして生徒に示していきます。

まず１つ目のポイントは，「この単元で学習していくことが，今の自分にとって役立つ」ということを意識させることです。

例えば「少年の日の思い出」。

中学生になった生徒たちは，小学生だったころに比べて心の中にもやもやとしたものを抱えています。そんな自分に対して戸惑いを感じたり，時には嫌悪感を抱いたりします。

「少年の日の思い出」を教室で読み合う前に，教師は生徒に次のように投げかけます。

「中学生になってもうすぐ１年。小学生のときと比べて自分の心にどんな

変化がありますか？」

　そして，自分の気持ちがこんがらがってしまうこと，いけないことを考えてしまうこと，そんな自分が嫌になってしまうことがないかを問います。

　けれども，そんな自分はむしろ自然であるということをこの作品を読んで感じてほしいと伝えます。また，自分と等身大だからこそ感じ取れる登場人物の心情を解釈してほしいということを伝えます。

　こう伝えることで，生徒は興味をもち「少年の日の思い出」を身近に感じ，読み始めていきます。

2　こんな姿になりたいと思わせる

　「書くこと」領域で製作するパンフレット，新聞。「話すこと・聞くこと」領域で行うプレゼンテーション。

　このように，製作するものがある単元では，どのようなものをつくればよいのかを単元のはじめに示します。

　こうすることで生徒に理解させることができることが2つあります。

　1つは**製作物の内容**です。

　どんな用紙等を使うのか，全部でどのくらいの分量か，文字の大きさはどのくらいか，写真を入れるのかといった，製作するものの内容を示すことが必要です。

　もう1つは**製作物のレベル**です。

　例えば本のポップをつくるのであれば，蛍光のマジック等でキャッチコピーを格好よくデザインするといった，生徒が思わず「わぁ，すごい」「やってみたい」とつぶやくようなものです。

　ただし，示したときに立派過ぎて生徒が諦めてしまうものでは逆効果です。**生徒が「がんばればできそうだ」と思えるようなレベルを示すことにより，やる気がぐっと高まります。**

3 対立した考えに決着をつける

　1つの事柄に対して2つの対立する意見が出ると，相手を説得したくなります。また，相手の意見を聞いてみたくなります。

　例えば「走れメロス」。

　メロスは自分のことを英雄視しています。けれども，メロスは本当に英雄だったのでしょうか。

　教材文を一読した後，生徒に向かい，尋ねます。英雄と感じ取る生徒が大勢います。けれども，中には英雄だとは思わないという生徒もいます。

　そうしたら，英雄だとは思わないという生徒にその理由を説明させます。すると，何となくメロスが英雄ということに対してうさんくささを感じる生徒も，その意見に同調してきます。

　英雄ではないと感じる生徒がある程度の人数出てきたところで挙手をさせて，メロスは英雄か，英雄ではないか，自分はどちらの立場かをはっきりさせます。

　そして，単元の後半で，メロスは英雄か，英雄ではないかをテーマに討論会を行うことを告げます。単元の学習にそれぞれの立場の意見を固めていくための証拠を見つけていくという必要感をもたせます。

　生徒は小学校以来，「教科書に書かれていることは正しい」と思いがちになっています。小説に登場する人物についても同様です。けれども，実際には，小説の主人公はすべて正しいと限りませんし，幅広い読み方を身につけておくことが生徒の今後の読書生活を豊かにもしてくれます。

　物事や権威に対して批判的な考え方を抱く中学生のときにこそ，正しいと思いがちなことに対して批判的に受け止めることを組み込んだ学習が適しています。「走れメロス」のような「読むこと」の学習以外でも，中学校に校則は必要なのか，とか，教室にスマホを持ち込むことは本当にいけないのかといった二項対立の話題は生徒の学習へのエネルギーを高めてくれます。

第2章　単元づくりがもっとうまくなる4の技

4　お互いのことを知り合う

　中学生の多くは，「自分への自信がない」という感情を抱いています。

　「みんなと比べて自分が考えていることはおかしいのではないか」と感じることが多いものです。

　だからこそ，単元のゴールにお互いの考えを知り合うということを設定する意味があります。

　「隣の席の子に比べて自分の考えは劣っているのではないかと思っていたけれど，同じようなレベルのことを考えていたな」とか，「自分はみんなと全然違うことを考えていて浮いてしまうのではないかと思っていたけれど，意外と同じようなことを考えていたな」と感じることは，不安を抱える生徒の安心感につながります。

　また，自分の考えと異なる考えに触れることによって自分の考えは広がるし，その考えを表した生徒のこともわかります。

　中学生は，自身への不安感は強い一方，「他の生徒はどう考えているのか」という関心は基本的に高くもっています。ですから，単元のゴールに「お互いが考えていることを知り合おう」と投げかけ，「え～」という声が上がっても，内心は他の生徒の考えを知ることに多くの生徒は前向きです。

　自分に対する自信がもてず，お互いのことを知らないことによって，生徒はクラスにいることに対して不安を感じます。その不安は他の生徒の前でいっそう自分を出せないことにつながっていきます。お互いに自分を出せないクラスは，次第に他者に対して無関心になり，いじめや学級崩壊へと発展していく場合もあります。反対に，**互いを知り合えるような単元のゴール設定は，学級経営の安定化にもつながります。**

　お互いが書いた意見文を単元の最後に読み合うとか，文学的文章であれば，お互いが書いた感想を単元の最後に読み合う，スピーチをし合うといったゴールを設定し，できるだけ互いの考えに触れる機会を多くしたいものです。

6 文学的文章の単元は
3つのステップで展開する

ポイント

1 3つの設定を読み取らせる
2 教材特有の表現と学年の指導事項に沿って解釈させる
3 自分の考えをもたせ，伝え合わせる

1 3つの設定を読み取らせる

　「文学的文章を扱った授業になると俄然燃える！」という先生は多いでしょう。そうすると，解釈から当時の作家の状況まで，教師が熱く語る授業になりがちです。こういった授業だと，教師と波長が合う一部の生徒にとっては楽しいものになりますが，その他の多くの生徒は，教師の趣味を押しつけられるような圧迫感を覚え，やる気が失せていきます。

　教師が気をつけるべきは，教え込むのではなく，生徒に教材を読み取らせること，そして，教材を読み取る力をつけることです。

　そのためにまず必要なことは，3つの設定を読み取らせることです。3つの設定というのは**「時・場所・人物」**のことです。3つの設定は，教材の幹となるものです。この場面の時は何時ごろなのか，冒頭の場面から数えて何日目なのかといった時間設定や，場所はどこなのか，この場面にいるのはだれなのかといったことは，注意して読めば，国語が苦手な生徒にとっても読み取れるので，学級全体として授業への参加意識を高めることになります。また，3つの設定のどれかを基準にすることで，場面の区切りをすることができます。場面を区切ったら，3つの設定にその場面での大きな出来事を入

第2章　単元づくりがもっとうまくなる4の技

れると場面ごとのストーリーの把握ができます。

2　教材特有の表現と学年の指導事項に沿って解釈させる

　設定やストーリーが把握できたら，教材の解釈に入ります。教科書に載っている文学的文章には素敵な作品がたくさんあります。が，何を解釈させるかということは，教師の感性に任せられているわけではありません。

　解釈する基準は2つです。

　1つは，学習指導要領で定められている，**各学年の指導事項**です。教科書の学習の手引きも指導事項に基づいてつくられています。

　もう1つは，**教材特有の表現**です。「盆土産」のように，作品中に登場するアイテム一つひとつの象徴性が高いものもあれば，「走れメロス」のように短文を連ねることにより，スピード感が感じられる作品もあります。

　例えばこの教材には比喩が多様されている，これは指導要領ではこの学年で扱うようになっているかな，という目線で検討し，指導要領と教材の特徴に応じた解釈方法を指導しましょう。

3　自分の考えをもたせ，伝え合わせる

　定期テストではあまり問われないからでしょうか，教材の解釈が終わった段階での感想や作品に対する批評がなされない単元があります。けれども，文章を読む学習は，その文章に対する思いや考えをもつために行うものです。解釈を終えた後，その文章が自分に与えた影響や，文章を通して，人生や社会に対してどんな意見をもったかを自覚し，交流し合うことで，ものの見方が広がったり，深まったりしていきます。解釈でとどめるのではなく，自分の考えをもち，交流し，共有する段階までの単元を組みましょう。

7 説明的文章の単元は 4つのステップで展開する

ポイント

1 話題と主張をつかませる
2 序論・本論・結論に分け，内容を把握させる
3 論理展開をつかませる
4 筆者の主張と構成・論理に対して意見をもたせる

1 話題と主張をつかませる

文学的文章が，世の中とは何か，人間とは何かといった普遍的なテーマを探っていくことを学習の中心とするのに比べ，説明的文章では，どのような述べ方で主張が導かれているのかを探っていくことが学習の中心となります。従って，説明的文章の指導を進めていくうえではじめに行うことは，話題は何か，そして筆者の主張は何かをつかませることです。

大抵の説明的文章の場合，話題は文章のはじめの方に書かれています。そして，筆者が主張したいことは文章の終わりの方に書かれています。これらを見つけることは，**文末表現に着目していくこと等を指導すれば比較的容易にできます**。

2 序論・本論・結論に分け，内容を把握させる

話題と主張がわかった時点で，序論と結論部分はどこに当たるかがわかります。残った部分が本論になります。説明的文章の指導では，本論部分の内

第2章　単元づくりがもっとうまくなる4の技

容理解にもたついていると授業が一気に沈滞していきます。理解していく必要があるのは，大雑把に言えば，取り上げられている事例がそれぞれおよそどのようなことを述べているかということです。内容理解をする活動のはじめに，**取り上げられている事例の数に注目して，本論を分けるといくつになるか尋ねたり，「本論は3つに分けられるが，何に注目するとそうなるのか」と尋ねたりして，考えるきっかけをつくり，テンポよく進めることが肝心**です。

3　論理展開をつかませる

　本論の内容の理解が済んだら，どのような要素があり，どのような理由づけがなされて主張が導かれているかの検討をします。例えば，「根拠になる事例，事例と主張をつなぐ理由，そして主張」という要素があれば，論証の形式になっているということがわかります。また，「複数の事例をあげ，それらの共通点から主張を導くという理由づけの仕方」を取っていれば，帰納的な思考を使っていることがわかります。論理展開をつかむことは，自分が文章を書くのにも役立ちますし，文章を批判的に読むうえでも効果的です。**論理展開を把握するには文章を図式化することが有効**です。

4　筆者の主張と構成・論理に対して意見をもたせる

　説明的文章の学習は，その後意見文を書くことに発展する場合もありますが，読むことの領域としては，文章に対して自分の考えをもたせ，交流するところまで行いたいものです。

　その際，論説文のように筆者の主張が色濃く出ている場合は，**主張や論理展開に対しての自分の考え**をもたせるとよいでしょう。自然科学について書かれた報告文のような場合は，**図表を含め，文章の構成のわかりやすさや，論理展開に対しての自分の考え**をもたせます。

8 スピーチ，書くことは 材料集めで勝負する

> ### ポイント
> 1 材料を集めたい，材料が集まるテーマ設定にする
> 2 集め方を丁寧に示し，集める時間を確保する
> 3 集めたものを共有する

1 材料を集めたい, 材料が集まるテーマ設定にする

スピーチを行う単元や，文章を書く単元の成否のポイントには2つあります。

1つ目は**「動機づけ」**です。

文学的文章を読んだり，説明的文章を読んだりする学習は読むための教材がありますが，スピーチをつくったり，意見文を書いたりする学習は自分で原稿や文章をつくる必要があります。

スピーチをつくったり，文章を書いたりするためにはエネルギーがいります。エネルギーがわくには「伝えたい」という動機が必要となるのです。

教科書に載っているから，というのではなく，所属している部活動で感じている充実感を学級の生徒たちに伝えて，自分が所属している部活動のよさを感じて欲しい，といった活動への動機づけを単元のはじめにはっきりともたせましょう。

2つ目は**「材料」**です。

「国際協調を大切にしましょう」という立派な主張を立てても，その主張の基となる根拠がなかったり，どうしてそのことが大切なのかという理由づ

けがなされていなかったりすれば，その主張には説得力がありません。

　一方で，友を大切にしたいという主張を立て，学級の仲間と共にがんばった文化祭の合唱コンクールに関するエピソードや部活動での体験を基に語れば，大勢の生徒の共感を呼ぶでしょう。

　教科書に示されているテーマが自分の受け持つ生徒にとって意欲がもてるものか，また，自分の受け持つ生徒が調べやすいものであるのかを考えて，生徒にとって意欲のわくテーマ，そして，材料集めをしやすいテーマにアレンジし，意欲がわくような示し方をすることが肝心です。

2　集め方を丁寧に示し，集める時間を確保する

　「次の国語の時間までに，環境汚染に関する資料を３つ集めてきてください」と生徒に投げかけると，どの程度の人数の生徒がしっかりとやってくるでしょうか。

　この指示できちんとやって来られる生徒は少ないのではないかと思います。

　話したり，書いたりするための材料は数多く集めることに越したことはありません。学級全員の生徒が，材料をたっぷりと集められる状態をつくりたいものです。材料がたくさん集まっていることは，語る内容が充実し，説得力を増すことにつながることはもちろんのこと，生徒の一層のやる気アップにもつながります。また自分がたくさんの材料を集めてあれば，他の生徒はどんな材料からどんなことを語るのかにも興味がわき，単元終末での共有の活動も活性化します。

　個人で材料をたっぷりと集めるために必要なことは２つです。

　１つ目は，**集め方を示す**ことです。

　集め方にもいくつかの種類があります。

・図書館の活字資料で調べる

・インターネットのウェブサイトで調べる

・自分の経験を思い出す

これらの情報源を示して，「では，今度の国語の時間までに調べてくださいね」というのでは足りません。

図書館の活字資料を使って調べるのであれば，例えば中学生向け百科事典の調べ方を指導する必要があります。

そして，百科事典に書かれていたこと，ウェブサイトに書かれていたことを引用するのか，それとも，わかりやすい言葉に直してまとめていくのか示す必要があります。

また，自分の経験を参照するとしても，いつ，どんな活動をしていたときのことか，どんな言葉によりどんな思いになったのかといった，取材の観点を示す必要があります。

2つ目は，**集める時間を確保する**ことです。

単元展開の中に材料集めをする時間を確実に位置づけます。

材料集めをする時間のはじめに，調べ方をきちんと指導します。そして，調べていく途中，なかなか進まない生徒に個別指導していきます。

3 集めたものを共有する

材料集めの方法を指導し，調べる時間を確保することで，多くの生徒は確実に材料を集めることができます。しかし，それでもなかなか材料を集められない生徒もいます。

そういったときには，お互いにどんなものを集めたのかを紹介し合う時間を設けます。

紹介された材料は自分が調べたものの中に含めてよいことにします。

そうすることで，材料の少ない生徒も，多くの材料を確保することができますし，調べ方がわかることによって，自分で調べることができるようになっていきます。

さらに，もともとある程度の材料をもっていた生徒も，他の生徒が集めたものに触れることで，新たな材料の確保をすることにつながります。

第**3**章
「言葉による見方・考え方」
の鍛え方が
もっと
うまくなる**3**の技

9 学年別に中心となる 「見方・考え方」を押さえる

> **ポイント**
> 1 学習指導要領で確認する
> 2 具体的にどうすることなのかイメージする

1 学習指導要領で確認する

2017年に告示された学習指導要領では「言葉による見方・考え方」を働かせることが目標に掲げられています。

では,具体的にどのような考え方が求められているのでしょうか。

その中心は,学習指導要領では〔知識及び技能〕の「(2) 情報の扱い方に関する事項」に書かれています。学習指導要領の解説に書かれているものも含めると,キーワードは,次のようになります。

1学年

「原因と結果」「意見と根拠」「比較」「分類」「関係付け」
「類推」「系統化」「分解」「統合」

　　　※解説の「多様な内容や別の要素などをまとめる」ことをここでは「統合」と表しました。

2学年

「意見と根拠」「具体」「抽象」

第3章 「言葉による見方・考え方」の鍛え方がもっとうまくなる3の技

> **3学年**
> **「具体と抽象」**

　ここにあげたものは2つに分けられます。

　1つは**「概念的思考」**，つまり考え方そのものです。「比較」「抽象」といったものがそれに当たります。指導する際には，それぞれの言葉の定義を具体的に押さえておく必要があります。

　もう1つは**「論証」**，つまり根拠から主張までの道筋です。「意見と根拠」がそれに当たります。

　指導する際には，まず「根拠」のある「意見」をつくれるようにすること，そして，「意見」と「根拠」の関係が適切かどうかを見極められるようにすることが必要です。

2　具体的にどうすることなのかイメージする

　「概念的思考」を示す言葉の定義を知ることは，具体的にどうすることなのかをイメージするのにつながります。

　言葉の定義は辞書を引いて調べることもできますが，学習指導要領の解説に，一つひとつの概念的思考の定義がきちんと示されています。

　例えば「分類」については，「複数の情報を共通点や類似点に基づいて類別すること」とあります。定義がわかったら，どの領域のどんな活動で，「見方・考え方」を働かせるのかを考えていきます。これについても学習指導要領の解説に例示されていますので，参考にすることができます。

　そのうえで，具体的な単元の中での指導をイメージしていきます。

　例えば「分類」については，スピーチの学習を進めていく中，材料集めを行った段階で，基準を設けて集めた材料を仲間分けしていくことで，「分類」の思考を働かせていくことができます。

10 論理ゲームで 「見方・考え方」を楽しませる

ポイント

1 演繹ゲームで具体化の考え方を楽しむ

2 帰納ゲームで抽象化の考え方を楽しむ

3 比較ゲームで「見方・考え方」を楽しむ

1 演繹ゲームで具体化の考え方を楽しむ

　前提を基にして，主張を導き出すのが演繹です。数学でも図形の証明でよく行われます。国語では説明的文章での説明の方法として使われます。

　最も簡単な演繹の形は次のようなものです。

　「ソクラテスは人間である。人間はいつか死ぬ。だからソクラテスもいつか死ぬ」

　2つ目の文が前提となって，1つ目の文で示された事柄から3つ目の文の主張が導かれています。

　生徒と楽しむために，次のようにブランクをつくった文を提示します。

　（A　　　　）は（B　　　　　）である。（B　　　　　）は（C　　　　　）になる（である）。だから（A　　　　　）は（C　　　　　）になる（である）。

　これだけだと，何をどうすればよいのかわかりません。そこで，「ソクラテスは…」の文を例として示します。そのうえで，2つ目の文を前提として，3つの文の関係が適切になるようにブランクを埋めさせます。でき上がったものはお互いに見合い，妥当性について検討します。

第3章 「言葉による見方・考え方」の鍛え方がもっとうまくなる3の技

2 帰納ゲームで抽象化の考え方を楽しむ

　個別の事例の共通性を見つけて，一般化していくのが帰納です。説明的文章の中でも自然科学を扱ったものにこの論法を使ったものがよくみられます。

　次のようにブランクをつくった文を提示します。

（Ａ　　　　）は（Ｅ　　　　　）である。（Ｂ　　　　）は（Ｅ　　　　）である。（Ｃ　　　　）は（Ｅ　　　　　）である。従って（Ｄ　　　　）は（Ｅ　　　　）である。

　このうち，Ａ〜Ｃは個別のものが入ります。Ｄはそれらをまとめたものが入ります。またＥには性質が入ります。例えば，「バレー部にはイケメンが多い。陸上部にはイケメンが多い。サッカー部にはイケメンが多い。従って運動部にはイケメンが多い」といったものを提示します。でき上がったものはお互いに見合い，妥当性の検討をします。

3 比較ゲームで「見方・考え方」を楽しむ

　これは，見方を変えると様々な主張が成り立つことを体験するものです。見方の大切さを実感し，幅を広げていくことを目的としています。

　例えば「カレーとラーメン，つくって食べるならどっちか」という２項対立となるようなテーマを提示します。

　そして，「『手間』の点から考えると『ラーメン』である。なぜなら，『カレー』は『野菜を切ったり，煮たりする』のに対し，『ラーメン』は『３分ゆでるだけ』であり，比べると『ラーメンの方がすぐにできる』からである」といった形を例示し，『　　』の中を埋めさせます。

　１つでき上がったら，反対の立場になって考えさせます。それもできたら，見方を別のものに変えて考えさせます。立場や見方を変えた意見ができたら，発表し合い，見方を変えることの楽しさを味わいます。

11 教材に落とし込んで 「見方・考え方」を鍛える

ポイント

1 文学的文章で「具体と抽象」を鍛える
2 説明的文章で「意見と根拠」と「理由」を鍛える
3 スピーチと意見文で「分類」「系統化」を鍛える

1 文学的文章で「具体と抽象」を鍛える

　具体的な描写を基に小説の内容の解釈を進めていくためには，具体から抽象へと思考を上昇させていく力が必要になります。

　「少年の日の思い出」の冒頭は，夕方から次第に夜になっていく様子が描かれています。そのことは一読すると雰囲気として伝わってきますが，どんな言葉が書かれているから日が暮れていくと感じるのかについて取り上げさせます。そうすると，空の色や，ランプに照らされた人物の顔の描写など，暗さを感じさせる表現を見つけることができます。こういった具体的な表現が幾つもあることで，読者に日暮れの様子が伝わることに気づかせます。

　このような具体的な描写からその意味を抽象化させていく思考は，詩を解釈していく際にも鍛えられます。

　また，複数の描写を集め，そこからの印象を抽象化する以外に，人物の設定の仕方を考えていく際にも，具体と抽象の思考を使います。

　「走れメロス」では，メロスはどのような人物として設定されているかを，その言動や行動を根拠にして考えさせます。

　例えば，メロスは街の人の話を聞き，すぐに城に行ったり，友人の都合も

第3章 「言葉による見方・考え方」の鍛え方がもっとうまくなる3の技

聞くことなく，自分の人質にしたりします。そういった行動から抽象化すると，メロスは勇者として設定されてもいますが，自分勝手な面もあることがわかります。

2 説明的文章で「意見と根拠」と「理由」を鍛える

　自然科学について客観的に述べた文章でも，筆者の考えを述べた論説文でも，根拠を基にして意見を導いています。従って，説明的文章を指導していく際には，まず**根拠と意見を見つけさせていくこと**が必要となります。

　例えば，イースター島の興亡を題材にした「モアイは語る」（光村図書，2年）。この教材では，イースター島に建造されたモアイ像がどのようにつくられ，運ばれたのか，そして，なぜモアイ像を造った文明が滅んだのかについて島から出土したものの分析を根拠として，意見が述べられています。

　意見と根拠を見つけることと共に大切なのは，**意見と根拠とをつなぐ「理由づけ」を見つけること**です。理由づけが適切であれば，意見の妥当性が高まります。理由づけが不適切であれば，意見の妥当性は弱くなります。

　そこで，根拠と意見を見つけたら，なぜその意見になるのかという理由づけを見つけさせます。

　例えば，かつてイースター島にはヤシの木がたくさんあったという根拠から，ヤシの木はモアイを運搬するために適しているからという理由づけをして，ヤシの木を使いモアイを運んだのだろうという意見が述べられている箇所を見つけることができます。

　「モアイは語る」では，このように，意見と根拠，そして理由づけがセットになっている記述が数多くありますので，たくさん見つけさせることができます。けれども，中には根拠と意見はあるものの理由づけがない箇所もあります。その場合には，どんな理由が隠されているのかを見つけさせます。

　さらに，意見と根拠と理由づけのセットができたら，もう1つやることがあります。それは，3つの関係が適切かということです。他にも理由がある

のではないかと考えさせます。

　実際，ヤシの木が減少したことについては，東京書籍の小学校6年の国語の教科書の教材「イースター島にはなぜ森林がないのか」では，別の原因が示されています。

3　スピーチと意見文で「分類」「系統化」を鍛える

　スピーチをつくったり，意見文を書いたりする学習でまず指導することのできる「見方・考え方」は「分類」です。

　話したり，書いたりするための材料を集めたときに，観点を設定し，分類します。災害に対する対応についてプレゼンテーションをしようとするときに，本やウェブサイトで調べたり，人から聞いたりしたことなどを，地震や大雨等の災害，身の守り方等の観点で分類します。

　「系統化」は，構成を組み立てていく際に指導できる考え方です。上から下，易から難，など一定のきまりに沿って事柄を展開させていく考え方です。

　調べたことをどのように配列したら読み手や聞き手にわかりやすく伝えられるかを考えて並べます。

　例えば，絵画の鑑賞文を書くときに，目立つところにかいてあるものから順に事柄を並べていくとか，災害に対する対応についてプレゼンテーションをしようとするときに，災害別に時系列で構成するといった活動になります。

　授業では，まず調べたことを各自で並べてみます。

　次に，グループやペアで発表し合い，お互いにどのように並べているのかを知り合います。その際，お互いに配列がわかりやすいものになっているかを検討し合います。

　配列を発表し合う際には，配列したものをそのまま示すのではなく，**配列したものを示してからどのように系統化させたのかを尋ね，聞き手・読み手に考えさせると，系統化する思考力がさらに鍛えられます。**

第**4**章

読むことの授業が
もっと
うまくなる11の技

12 理由づけの仕方を 身につけさせる

ポイント
1 理由づけとは何か，教師が認識する
2 数多くの理由づけの仕方をもつ

1 理由づけとは何か，教師が認識する

「読むこと」の指導を進めていく中で，「登場人物の心情」「登場人物の言動の意味」「表現の効果に対する評価」など，読み手側の考えを出させる機会は数多くあります。

その際，生徒の意見で，とうとうと語るのだけれども，結局何を言いたいのかが他の生徒に理解できない，教師にもよく理解できない，といったことが起こりがちです。そうなると，単なる意見の言い合いになり，話し合って考えを深めていくことが難しくなります。

その原因の大きな1つが，**「理由づけ」の仕方について生徒が理解できていない**ということです。

基本的に，意見は**「教材に書かれていること＝根拠」「主張」「根拠と主張をつなぐ理由づけ」**の3つの要素から成り立っています。「根拠」は教材に書かれていることなのですぐにわかります。「主張」も根拠から考えたことなのですぐにわかります。けれども，両者の間をつなぐ「理由づけ」の仕方について，つまり，その叙述からなぜそう考えるのかについての考え方を知らない生徒が多いのです。

「なぜ」の部分が理解されないと，その意見の内容は伝わらないものです。

第4章 読むことの授業がもっとうまくなる11の技

従って,「登場人物の心情」などの意見を述べる生徒の発言の意味の共有に至らないのです。

　生徒が「理由づけ」の方法を知らない原因はただ1つ。教師が教えていないからです。教師自身が理由づけの様々な方法を知り,教材の特徴やねらいに応じて生徒に指導していくことが必要です。

2　数多くの理由づけの仕方をもつ

　次節以降で詳しく取り上げるものもありますが,例えば,文学的文章を解釈するうえで使う理由づけには,次のようなものがあります。

　ア　反復表現に着目し,比較する

　イ　反復表現の周辺に着目し,比較する

　ウ　変化する反復表現に着目し,比較する

　エ　見方に沿った仮定法❶着目する言葉を別の言葉に言い換え比較する

　オ　見方に沿った仮定法❷着目する言葉を抜き取って比較する

　カ　自分の経験に着目し,比較する

　キ　言葉の意味に着目し,当てはめる

　ク　自分の価値観・道徳観に照らし合わせる

　この中で,指導していない状態で生徒が使うのは,「カ　自分の経験に着目し,比較する」「ク　自分の価値観・道徳観に照らし合わせる」程度です。この方法だと,一つひとつの言葉の意味や働き,使い方に意識を払うことが乏しく国語の力はあまりつきません。

　また,説明的文章を解釈するうえで使う理由づけとしては「序論・本論・結論などの定義」「接続語・文末表現の働き」「具体と抽象」などがあります。

　理由づけの方法を身につけられる授業をつくっていきましょう。

13 反復表現に目をつけ比較させる

ポイント
1 変化しない反復表現に着目して比較させる
2 変化する反復表現に着目して比較させる

1 変化しない反復表現に着目して比較させる

　文学的文章の解釈をするために**最も効果的な「言葉による見方」は「反復表現」への着目**です。そして，**最も効果的な「考え方」は「比較」**です。

　「反復表現」には2種類あります。

　1つは**「変化しない反復表現」**です。もう1つは**「変化する反復表現」**です。

　まず「変化しない反復表現」について説明します。変化しない反復表現に着目することにより，2つのことについて解釈が可能になります。

　1つ目は**「変化しない反復表現にかかわる複数の人物の性格・相互関係」**です。例えば「盆土産」（2年・光村図書）という教材では，父親が出稼ぎ先から買ってくるお土産のえびフライがたびたび登場します。えびフライにかかわって，中心人物の少年，彼の姉，祖母は様々な反応をします。

　それらを比較することで，登場人物の性格や相互関係が浮かび上がってきます。

　2つ目は**「変化しない反復表現にかかわる人物の心情の変化」**です。

　芥川龍之介の書いた「トロッコ」（1年・東京書籍）には，トロッコがたびたび登場します。勝手に乗り出すほどトロッコに興味をもつ中心人物の少

第4章　読むことの授業がもっとうまくなる11の技

年の心情は，トロッコと見知らぬ男と共に遠出するにつれ，不安，そして恐怖に変わっていきます。壊れたりするなどの変化がないトロッコの周辺の少年の描写を取り上げ比較することで，少年の心情の変化を捉えることができます。

2　変化する反復表現に着目して比較させる

　「変化する反復表現」の方が，教科書に取り上げられている小説には多く登場します。

　観点を設定して，「変化する反復表現」に着目します。「故郷」（3年・光村図書）では，中心人物の男性がかつて幼少期を過ごしていた故郷を訪れます。

　そこでは，幼少期に出会った複数の人物との再会が描かれます。それぞれの人物は，かつての様子の描写と共に，現在の様子が描かれています。中でも，「人相」ともいうべき顔の様子は具体的に描かれています。

　そこで，登場人物の人相を観点にして比較すると，人物ごとの設定の仕方の違いがわかります。

　さらに，登場人物の過去の人相と現在の人相を取り出して比較することで，それぞれの人物の変化を捉えることができます。

　そのうえで，**なぜこのような変化を描いたのかを考えることで，作者の世の中に対する見方を捉え，それに対する自分の考えをもつことにつなげることができます。**

　また，ふんだんに使われている情景描写を観点にして叙述を取り出し比較すると，中心人物の心情の変化を捉えることができますし，作者の世の中に対する見方を捉えていくことができます。

　情景描写は，「故郷」に限らず，人物の心情を反映したものです。多くの教材で情景描写の比較をすることで効果を上げることができます。

14 クライマックスと首尾の呼応に目をつけさせる

ポイント

1 文学的文章を読む醍醐味の1つはテーマをつかむこと
2 3つのステップでクライマックスからテーマをつかませる
3 首尾の呼応を観点にするとテーマが変わる
4 テーマは妥当性とフィット感で決めさせる

1 文学的文章を読む醍醐味の1つはテーマをつかむこと

　教室で文学的文章を読む醍醐味の1つは，教材から浮かび上がるテーマをつかむことです。

　もちろん，優れた表現のよさを味わったり，登場人物の会話や行動に共鳴したりするといったことも醍醐味としてあるでしょう。

　けれども，1つの作品としてのまとまりとして教材を捉えたとき，「この作品はいったいどんなことを言いたいのだろうか」ということを考え，そして自分なりにつかみとることが，今後の自分の生き方にとっての意味をもちます。

　また，そうすることで，例えば「『故郷』を読んだけれど，長くて，淡々としていて何が言いたいのだかよくわからない」といったもやもやした気持ちから脱出し，読んだ後の気持ちもすっきりするのではないでしょうか。

　さらに，**それぞれが考えたテーマを教室の中で交流し，異質な考えと出会うことで，より広く，深く作品を捉えることができるようになる**でしょう。

第4章　読むことの授業がもっとうまくなる11の技

2　3つのステップでクライマックスからテーマをつかませる

　テーマをつかむための基本的な方法が，クライマックスに着目するものです。クライマックスとは「中心人物の心や様子，出来事が最も大きく変化するところ」です。

　クライマックスからテーマをつかむためには，3つのステップがあります。

　ステップ1は**「どこがクライマックスになるか」を仮定すること**です。

　このときに大切なのは，クライマックスの定義を明確にして，定義に沿って見つけさせることです。一般的に「クライマックス」というと「最も盛り上がるところ」と認識されていますが，ここでいうクライマックスはそれとは少々異なるので，注意が必要です。

　中心人物の心情や様子，あるいは出来事全体が最も大きく変化するところはどこかということを観点にして教材を読み，クライマックスの位置を決めさせます。

　生徒の考えるクライマックスは，人によって異なる場合があります。それぞれの読みを深めたり，広げたりしていくためには，読みのずれが必要です。お互いになぜそこがクライマックスなのか考えた根拠や理由を説明し合い，自分と比較し合うことにより，互いの読みが深まり，広がっていきます。

　例えば「少年の日の思い出」（1年・光村図書）。

　クラスマックスの場所としては，少年がちょうをぬすむ場面を思い浮かべる生徒もいるでしょうし，終末の，自分のコレクションしていたちょうをすべてつぶしてしまう場面を思い浮かべる生徒もいるでしょう。

　なぜそこがクライマックスと言えるのかについて意見交換することによって，盗みを犯す少年の心情の理解や，ちょうをつぶす少年の心情の理解を深め合うことにつながるのです。

　ステップ2は**「何がどのように変わったか」を見つけること**です。

　ここで大切なことは，「変化の前」と「変化の後」をはっきりとさせることです。

そうすることによって，どのような変化をしたかを捉えることができます。

「少年の日の思い出」でちょうを盗む場面をクライマックスとすると，変化の前は「自分の力でちょうを集めていた少年」，変化の後は「他の人が集めたちょうを盗んだ少年」となります。

この読み方をすると，ちょう好きの少年が犯罪者になった話ということになります。一方，終末場面をクライマックスとすると，自分の集めていたちょうをすべてつぶしてしまった話となります。

ステップ3は**「なぜ変化したか」を考える**ことです。

なぜ変化したかという変化の理由はテーマに直結します。ちょう好きの少年が罪を犯してしまったのは，自分の欲望のために善悪の判断ができなくなったからです。そうすると，テーマは，欲望に勝つことの困難さといったことなどが浮かんできます。

一方，少年が自分の集めたちょうをすべてつぶしてしまったのは，過ちを犯した自分が嫌になったからでしょう。そうすると，テーマは，犯した過ちを繕うことの困難さといったことなどが浮かんできます。

3 首尾の呼応を観点にするとテーマが変わる

クライマックスの検討によりテーマを考えていくことと共に，テーマを考えるために効果的な活動は，**教材の首尾の呼応を観点として比較すること**です。

「少年の日の思い出」の冒頭は，大人になったかつての少年が客となり，語り手である男性の家でちょうを見せてもらう場面です。ちょうを見せてもらった客は，男性の話を途中で遮り，かつての自分の姿を語り始めます。

この場面と，終末のちょうをつぶした場面を比較します。

共通している点は，ちょうを見ることに対して抵抗感をもつということです。作品冒頭で抵抗感をもつ理由は，かつて好きだったものが自分の欠点の象徴となっているからです。従って，そこから浮かび上がってくるテーマは，

第4章　読むことの授業がもっとうまくなる11の技

犯した過ちはいつまでも消えないといったことがあるでしょう。また，相違点から考えていくと，作品末尾では絶望的な状況であったものが，冒頭では再びちょうを手に取り，友人に自分の犯した過ちを告白しているという姿を基にして，心の傷も時が経てば癒されていくといったテーマを考えることもできるでしょう。

　いずれの場合のテーマにしても，クライマックスの変化を基にしたものとはある程度異なったものとなります。

　文学的文章は，説明的文章と違い，書き手の述べたいことを端的に書いてありません。読み方によって様々な味わい方ができるものです。

　ここであげたようなテーマへの2つのアプローチを行うことによって，作品を多様に読めるようにしていきたいところです。

4　テーマは妥当性とフィット感で決めさせる

　それでは，テーマは何でもいいのかというと，それはそれでもやもやした思いになります。

　自分はこの作品のテーマはこう受け取ったというものをもたせたいものです。そのために考えることは2つです。

　1つは，**妥当性**です。

　自分が考えたテーマが，矛盾なく，その作品全体を覆うことができるかということです。ある部分ではすんなりとはまっても，別の箇所には当てはまらないというのでは不十分です。

　もう1つは，**フィット感**です。

　作品のテーマとして妥当なものが複数あったとき，自分はこの作品にはこのテーマが合っているというものを自分の中のテーマとしてもつということです。

　そうすることで，その作品を読んだことが妥当な解釈に基づいたうえで自分にとってかけがえのない意味をもつものとなります。

15 立場を変えて書き換えさせる

ポイント

1 立場を変え，相互関係，言動の意味，ものの見方の理解を進める
2 ポイントを決め，叙述に根拠を置いて考えさせる

1 立場を変え,相互関係,言動の意味,ものの見方の理解を進める

　一般的に，小説や物語を読むときには，中心人物の心情に寄り添いながら読み進めていきます。中心人物に同化して読むことで，ドキドキハラハラしたり，感動したりすることができます。

　けれども，その読み方だと，中心人物はいつでも正しいと思い込んでしまう危険性があります。人間の本質を描こうとする多くの小説の場合，中心人物の行動や言動は，道徳的に見て常に正しいとは限りません。従って，中心人物を相対的に見る視点をもつことで，作品で描かれている人間の本質に迫ることができます。

　そのために必要なのが，**立場を変えて作品を書き換えること**です。

　そうすることで，登場人物同士の関係を俯瞰的につかんだり，登場人物の言動が相手に与える意味をつかんだり，作品に流れているものの見方の理解を進めたりすることもできます。

　例えば「少年の日の思い出」（1年・光村図書）では，中心人物の少年にとって相手役の少年は大変マイナスイメージの強い表し方がなされています。読み手も，相手役の少年に対してマイナスのイメージを抱きます。しかし，本当に相手役の少年は嫌な人物だったのか，特に少年がちょうを盗んだこと

第4章 読むことの授業がもっとうまくなる11の技

を謝罪に来た場面を相手役の人物の視点から書き換えてみると，少年の側から見たのとは異なる印象を相手役の少年に対して抱くことと思います。そうすることで，少年と相手役の少年との相互関係をより客観的に把握することができます。また，少年の幼さという面も見えてきます。

「走れメロス」（2年・光村図書）では，メロスの友人になって書き換えてみると，メロスの言動の自己中心性が浮かび上がってきます。また，「故郷」（3年・光村図書）では，中心人物と幼馴染との再会の場面を，幼馴染を視点にして書き換えてみると，当時の社会的状況に対する作者の見方の理解につながります。

2 ポイントを決め，叙述に根拠を置いて考えさせる

このようにして，主に相手役の視点になって作品を書き換えるときに留意することが2つあります。

1つは，**書き換えるポイントを決めること**です。すべての部分について書き換えを行っても時間がかかりますし，焦点もぼやけてしまいます。「メロスに人質に差し出すといわれたとき，友人はどう思ったのか，友人の視点で書いてみましょう」という指示を出し，メロスの言動の意味を考えさせるというように，ポイントを決めて書き換えることが肝心です。

もう1つは，**叙述に根拠を置くこと**です。そもそも，視点人物以外の人物の心情が述べられている小説はあまりありません。書き換えによって理解できる人物の心情や様子はもともと限られています。少ない情報によって書き換えていくわけですので，空想に陥りやすいという側面があります。そこで，書き換えていくときには，中心人物の言動や行動によって書き換えの対象となる人物がどのような状況になったり，表情になったり，言動をしたりしたのかといったことについて書かれている根拠をしっかりと取り出させて，書き換えさせていくことが必要です。

16 言葉の入れ替えによる変化を 比較させる

ポイント

1 その言葉がなかったときと比較させる

2 別の言葉に言い換えたときと比較させる

3 飾る言葉，教材の特徴的な表現に着目させる

1 その言葉がなかったときと比較させる

文学的文章は言葉一つひとつに作者の神経が行き渡っています。従って，一つひとつの言葉の意味を細かく検討していくことは作品の理解を進めていくうえで効果的なものとなります。

また，小学生時代は物語教材を読み，どちらかといえばストーリー展開に重きを置いた授業を受けてきた生徒にとって，言葉に立ち止まり，描写をしっかりと読み取る力をつけていくことは，中学校の国語教室においてやらなければならないことでもあります。

１つの言葉に立ち止まり，言葉の意味から教材の解釈を進めていくための効果的な活動が，言葉の入れ替えによる変化を比較することです。

その方法には２つあります。

１つ目は，**着目した言葉を取ってしまった場合との比較**です。

２つ目は，**着目した言葉を他の言葉にした場合との比較**です。

まず，着目した言葉を取ってしまった場合との比較について説明します。

例えば「彼女は，ふっと微笑んだ」という文と，「ふっと」を抜き取った「彼女は微笑んだ」を比較し，彼女の様子を解釈するというものです。「彼女

第4章　読むことの授業がもっとうまくなる11の技

は微笑んだ」だとどのように微笑んだのかが不明であるのに対して，「ふっと」があることによって，彼女が前触れなく，不意に微笑んだということがわかります。

　授業で取り上げる叙述には2つの考え方があります。

　1つは，**1つの叙述を取り上げて，全員で検討していく**という方法です。作品のクライマックスや終末など，一箇所から多様な解釈が生まれる可能性の高い場合に効果的です。

　例えば，「少年の日の思い出」（1年・光村図書）の最後の一文での少年の心情や様子を読み取る場合に，この方法は大変効果的です。1つの叙述の解釈をじっくりと深く行うことができます。

　もう1つは，**生徒に任意で叙述を選ばせ，考えさせていく**方法です。これは，副詞や形容詞などが多用されている作品や場面などを読み取る場合に効果的です。複数の叙述の解釈を聞き合うことによって，作品の読みを広げていくことができます。

　例えば「走れメロス」では，メロスが川におぼれそうになる場面でたくさんの副詞がでてきます。それらがあるときとないときを比較することで，川の流れの激しさを実感することができます。

　あるなしでの心情や様子の違いを解釈させたら，次に必要なことがあります。

　それは，「理由を問うこと」です。

　理由には2通りあります。

　1つ目は，**なぜ登場人物はそういった心情になったのか**という理由です。これを問うことで，人物の心情理解を一層深めることができます。

　2つ目は，**なぜ作者はそういった表現を使ったのか**という表現上の理由です。これを問うことで表現の効果についての解釈を進めることができます。

2　別の言葉に言い換えたときと比較させる

これは，作品に登場する言葉を別の言葉に換えた場合と比較する方法です。

例えば「少年の日の思い出」（１年・光村図書）の終末の一文。少年がちょうをつぶすときの表現があります。

これを「ちりぢりに」という表現に置き換えてみます。すると，「ちりぢりに」よりも作品中で使用されている表現の方がずっと細かくつぶしていることが印象深く感じ取れます。

置き換えてみる言葉は，このように類似した意味の別の言葉にすることが基本です。そうすることによって，作品中で使われている言葉の意味が一層際立ってくるからです。

着目した言葉を取ってしまう場合と比べると，こちらの方法の方が，難度が高いです。それは，置き換え先の言葉を知っていなければならないからです。

先ほどの例にしても，「バラバラに」に置き換えると，述語との不整合を起こしてしまいます。また，あまりかけ離れた意味の言葉に置き換えてしまうと作品の味わいを損ねてしまいます。

けれども，着目した言葉を取ってしまう場合よりも，こちらの方法の方が，言葉を置き換えることにより元の言葉との比較対象ができることで，一層心情や様子の理解を進めることができます。また，語彙を増やしていくことにもつながります。

置き換える言葉が見つからない場合は，着目した言葉を取る読み方をし，置き換える言葉が見つかる場合，あるいは，言葉を取る読み方だと，その言葉を取ってしまった場合に，文脈がつながらなくなる場合には言葉を置き換える読み方をするといったように，場合に応じて使い分けるとよいでしょう。

3 飾る言葉，教材の特徴的な表現に着目させる

言葉を取ったり，別の言葉に置き換えたりする対象としては，大まかにいえば２つのポイントで設定するとよいでしょう。

第4章　読むことの授業がもっとうまくなる11の技

　1つ目のポイントは，**飾る言葉**です。

　飾る言葉はさらに2つに分けられます。

　1つは体言や用言を修飾する副詞や連体詞，動詞，形容詞，形容動詞です。「深くうなずいた」の「深く」，「灼熱の砂漠」の「灼熱の」といったものです。

　もう1つは体言や用言を修飾する比喩表現や反復表現です。

　「宝石のような瞳」の「宝石のような」，「一つひとつ重ねた」の「一つひとつ」といったものです。

　例えば，「故郷」（3年・光村図書）には比喩表現が多用されています。

　比喩表現を取った場合と比較することで，解釈が深まったり，表現の仕方の特徴を理解したりすることにつながります。

　修飾語に注目することにより，様子や出来事の程度をはっきりと理解させていきましょう。

　2つ目のポイントは，**教材の特徴的な表現**です。

　例えば「走れメロス」（2年・光村図書）には漢語が多用されています。漢語が多用されているために，作品にスピード感のあるテンポが生まれています。漢語を和語に置き換えて比較することで，表現の効果について実感的に理解することができます。

　「故郷」に多用される比喩表現も然りですが，教材で多用されている表現に着目し，言葉の入れ替えをする読みをすることで，この読み方の効果が一層高まります。

　生徒に考えをつくらせるときには，はじめのうちはフォーマットを示すことがよいでしょう。そうすることによって，思考の筋道ができます。

　○○を□□に換えてみる。□□のときは，…ということが伝わってくるが，○○には〜という意味があるので，―ということがわかる。

　これに言葉を入れた例を示して，考えやすくしましょう。

17 アイテムの意味を考えさせる

ポイント
1 アイテムから人物の心情・様子を捉えさせる
2 アイテムが醸し出すイメージを捉えさせる

1 アイテムから人物の心情・様子を捉えさせる

　作品に登場するアイテム（品物）の意味を考えることが，登場人物の心情や様子を捉えることにつながります。

　アイテムが意味することから心情を捉える活動を行うための入門として適しているのは「握手」（3年・光村図書）です。この作品には，中心人物の相手役の修道士の指の動きを示す表現が多用されています（指は実際には品物ではありませんが，広い意味で作品に登場する品物としてお考えください）。

　修道士はその時々の気持ちによって，様々な指の表現をします。作品の前半にはそれぞれの指の表現がどのような気持ちのときなのかが書かれています。作品後半になると，指の表現はありますが，その時々の気持ちは書かれていません。けれども，前半に書かれている，指の表現を行うときの気持ちを当てはめていくことで，修道士の気持ちを理解することができます。

　他にも，「少年の日の思い出」（1年・光村図書）では，中心人物の少年がちょうの標本をしまっておいた箱が登場します。この箱に関する描写に着目することで，少年の家庭の経済状況や，少年のちょうの収集に関する親の意識を推測することができます。

　また，ちょうの標本に着目すると，少年や相手役は，ちょうを捕ることと

第4章 読むことの授業がもっとうまくなる11の技

標本をつくることのどちらに気持ちが強かったかを推測することができます。

2 アイテムが醸し出すイメージを捉えさせる

教材の内容を理解することと共に，表現の効果に対して自分の考えをもつことも教材文を精査・解釈するうえでは必要です。

そのために，作品に登場するアイテムから感じ取れるイメージを捉えていくことは効果的です。

まず，作品や場面，あるいは人物に対する印象を出し合います。そのうえで，**なぜそういった印象をもつのかという問いを生徒に投げかけ，課題意識をもたせます。**

そして，作品に登場する様々なアイテムそれぞれが，作品の印象づけに大きな役割を果たしているのではないかというように課題意識を焦点化していきます。そうしたら，まず1つのアイテムを取り上げ，全員で検討します。

例えば，次のように問いかけます。

> 作品に登場する『麦わら帽子』からどんなイメージが浮かびますか？

生徒からは，「夏休みというイメージがする」「とても暑い日」「どこかに出かけているリゾート感がある」といった発言があります。それらを受けて，「麦わら帽子」が作品の夏らしさを感じさせる役割があることをまとめます。

そのうえで，

> この作品には他にも夏らしさを感じさせるアイテムがたくさんあります。見つけてみましょう。

このように指示し，生徒の意識を活動に向けさせます。

18 「4つの係」に分かれ 小説を楽しく読み取らせる

ポイント

1 4つの係がやることを理解させる
2 それぞれの係の活動を体験する
3 2段階の単元で読む力をアップさせる

1 4つの係がやることを理解させる

　文学的教材を扱った単元が，いつも初発の感想→内容の理解→精査・解釈→自分の考えの形成と共有という展開では味気ないものです。

　もちろん，上にあげた指導事項は，読む力をつけていくためには大切なものです。

　そこで，ここでは，よくある学習過程とは異なったスタイルの授業で，生徒主体の活動の中，作品を読む方法を知り，読む力をつける活動を紹介します。

　それは**「4つの係で小説を楽しもう」**というものです。

　「どくしょ応援団」のウェブサイト（www.asahi.com/shimbun/dokusho/）にある「リテラチャー・サークル（簡略型）」を参考にしたものです。

　生徒は4人組になり，それぞれ1つの係の担当になります。

　係は以下の4つです（「リテラチャー・サークル（簡略型）」にある係と名称は同じですが，実践してやりやすかったように活動はアレンジを加えています）。

第4章　読むことの授業がもっとうまくなる11の技

❶思い出し係（作品と自分を関係づける）

　作品を読み，自分と直接的，間接的に関係することを書き出します。

❷質問係（作品から質問をつくる）

　質問は，自分がわからないところや自分の考えはあるが他の生徒の考えを聞いてみたいところからつくります。話し合いのときに質問し，答えを考え合います。

　質問内容は生徒に自由に考えさせるものも含めて，指導事項に沿って，読み取らせたいことも含めます。例えば，次のようなものがあります。

・○が△に対して…と思っていたのがわかるところはどこでしょう。（心情）

・○が…と言ったのはなぜでしょう。（人物の言動の意味）

・作者はなぜ○を登場させたのでしょう。（登場人物の設定の仕方）

❸照明係（気になったところを取り出し，思い浮かんだことを述べる）

　「私は，○に光を当てました。そこから…ということを思いました。わけは△です」といったように，印象に残った叙述と思ったこと，その理由を書きます。

❹イラスト係（印象に残ったところのイラストをかく）

　叙述を基に，一番おもしろいと思った場面や，登場人物に関する印象に残った描写などを簡単にイラストにします。話し合いのときにはどんな場面のイラストか尋ねます。

　ちなみに，これら4つは，学習指導要領の指導事項に当てはめると，思い出し係，照明係は「考えの形成」，質問係は「精査・解釈」，イラスト係は「構造と内容の把握」に当たります。

また，話し合うことで「共有」の指導事項の指導ができます。

50分の授業の中で，１つの係について10分程度の時間をとって話し合い，お互いの読みを深めていきます。

2 それぞれの係の活動を体験する

教材を示し，係の活動を説明し，１時間程度係の活動を行う時間をとり，次の時間に話し合いを行うという展開だと活動は盛り上がらず，質問係とイラスト係について以外は，発表のし合いになってしまいます。

そういった状況を避けるために３つのことを行います。

１つ目は，はじめてこの活動を行うときには，**１つの係の活動をみんなで行う**ということです。「今日の授業の前半はみんなで思い出し係になって，活動しましょう。後半にまとめたことを出し合い，話し合いましょう」という指示を出し，係の活動内容を理解させ，活動の楽しさを感じさせます。

２つ目は，**それぞれの係の活動をする際に，他の係の活動も行う**ということです。これには２つの目的があります。目的の１つは，**話し合いを充実させるため**です。同じ作品を読んでいても，他の係が話したことは何となく聞き流してしまうことがあります。自分も他の係の活動を行っておくことにより，問題意識を共有し，自分はこの場面が印象に残ったので光を当てたけれど，他の人はどうだろうかなど，自分と比べて他の係の話を聞くことができます。もう１つの目的は，それぞれの係活動は指導事項を反映したものなので，**他の係の活動を行うことで，それぞれの指導事項に沿った活動ができるようにするため**です。

３つ目は，**反応の仕方を指導しておく**ということです。思い出し係や照明係の話を聞いたときに，「よくわかりました」という反応をしてしまうと，話はそこで終わってしまいます。そこで，３つの反応の仕方を生徒に指導します。端的に言うと，共感，発見，疑問です。係の発表に対して，自分と比べて話を聞かせ思ったことを伝え，３つの反応をすることを意識づけます。

第4章 読むことの授業がもっとうまくなる11の技

3 2段階の単元で読む力をアップさせる

　生徒が楽しみながら読む力を高めていくために，はじめて取り組むときには2段階の単元構成をします。時期としては，期末テストが終わった夏休み前や冬休み前の読書単元のときに行います。

　1段階目では，**単元全体の活動を示し，係で行うことの理解**をさせます。ここでは，既習の教材（あるいは長期休み前の読書教材）を使い，1時間ずつそれぞれの係の活動を体験させていきます。学習の流れとしては，1時間目「思い出し係」，2時間目「質問係」，3時間目「照明係」，4時間目「イラスト係」の順で行っていくと無理なくできます。

　それぞれの時間の活動内容は，次のようにします。

　まず教師から係の活動内容を説明します。そして，30分程度，係の活動内容に沿って，活動をします。残りの20分で，活動したことを出し合い，検討し合います。

　2段階目では，**それぞれの係で活動を行い，発表，検討**を行います。

　ここでは，長期休み前の読み物教材（あるいは教科書付録の文学的文章の教材）を使います。まず，4人グループの中で，それぞれが担当する係を決めます。そして2時間程度の時間をとり，自分の係の活動を行います。その後，1時間程度の時間をとり，各自，他の3つの係の活動を15分程度行います。4時間目に，話し合いの時間をとります。

　話し合いは，各係について10分程度の時間をとります。まず，担当の係の生徒が発表・質問します。それに対して，自分でもその係の活動に取り組んできたことを基にして，順番に意見を述べ合ったり，答えを言い合ったりします。

【参考文献】
ジェニ・ポラック・デイ他著，山元隆春訳『本を読んで語り合うリテラチャー・サークル実践入門』（渓水社，2013）

19 文章と図表を往復させる

> ### ポイント
> 1 わかりにくい文章は図式化させる
> 2 図表からわかることを文章にさせる

1 わかりにくい文章は図式化させる

　説明的文章を読み取る際，数値がたくさん出てきたり，カタカナの固有名詞がたくさん出てきたりすると，大変読みにくかったりします。また，実験や観察の様子が詳しく書いてあればあるほど，かえって生徒にとってはわかりにくいものになります。その結果，読み取ることをあきらめてしまう生徒が続出します。

　そういったわかりにくさから脱出し，しかも，生徒が楽しんで取り組める活動が，**わかりにくい文章を図式化させるという方法**です。

　実験や観察の経過が書かれている文章は，４コママンガのように連続して書いていきます。その際，実験や観察の経過の区切りに従って，３コマで表す，とか４コマで表す，などのように，**コマ数を指定して，手続きや時間のような区切りの基準を示すと，生徒の意欲がわき，進んで取り組んでいくようになります。**

　また，数値や固有名詞は，図式化したもののところに添えて書くようにします。そうすると，数値や固有名詞が他のものとの関連をもつようになってきますので，理解しやすくなります。

　授業では，説明的文章の中でわかりにくい説明が登場したときに，

第4章　読むことの授業がもっとうまくなる11の技

> ○ページに書かれていることを図に表してみましょう。

　このように指示を出し，まず個人で図式化させます。その後，ペアやグループでお互いの書いた図が本文中の何を根拠にしているのかを説明し合い，検討し，文章と図式化したものの整合性を高めていきます。その後，学級全体での検討をします。

2　図表からわかることを文章にさせる

　文章を図式化するということに比べ，図表からわかることを文章にさせるということはあまり行われていません。

　教科書に掲載されている説明的文章には，図表が多く使われているものがあります。教科書の本文に添えられている図表の解釈は筆者によってなされ，その結果は文章に記述されるので，教材を読む生徒にとっては，改めて図表を読み取る必要はありません。だから，教科書本文と図表がセットになっている場合だと図表を読み取る力はあまりつきません。図表の読み取りが筆者により恣意的になされていても見逃してしまう場合もあります。従って，生徒自身に自分の力で図表を読み取る力をつけることは大切なのです。

　この活動は，**教科書本文を扱う前に行います。**これから学ぶ説明的文章に取り上げられている図表のみを生徒に示します。読み取るために必要最低限の教材文の情報は伝えます。そして，この図表からどんなことがわかるかということを生徒に尋ねます。まず，各自で図表の解釈を行います。その後，どのようなことがわかったかを全体で確認し合います。そして，

> 筆者はこの図表からどんなことを解釈したでしょうか？

　このように投げかけ，意欲を高めて本文に入ります。

20 3つの問いで
説明文を読み取らせる

ポイント

1 「だから」何が言いたいのかを見つけさせる
2 「何」を基にして考えたのかを見つけさせる
3 「なぜ」そう考えたのかを見つけさせる

1 「だから」何が言いたいのかを見つけさせる

　説明的文章は，3つの要素の関係に着目することで，内容の理解を進めることができます。

　3つの要素とは，**「根拠となる具体的な事例」「事例から導かれる主張」「事例と主張とをつなぐ理由」**です。

　そこで，それぞれの要素を関係づけながら内容理解を進めていくために，3つの問いをもたせて読み取らせます。

　「根拠となる具体的な事例」から「事例から導かれる主張」を見つけさせるためには，事例を読んだ後に生徒に尋ねます。

　「だから」筆者は何が言いたいのでしょう？

　このように尋ねて，事例から導かれる主張を見つけさせていきます。

2 「何」を基にして考えたのかを見つけさせる

第4章　読むことの授業がもっとうまくなる11の技

　筆者が主張していることは，どんな事例を基にしているかを見つけさせる
際には，次のように尋ねます。

> 筆者は「何」を基にしてそう考えたのでしょう？

　説明的文章の結論部分には，事例としてあげてきたことを基にした主張が
短い言葉で書かれていることが多くあります。短く圧縮された言葉は，いっ
たいどんな事例と対応しているかを見つけさせるわけです。
　また，説明的文章の中には，事例を伴わない主張も結論部分に書かれてい
るケースがあります。**根拠を見つける問いをする中で，そういった不確かな
論理を見抜くこともできます。**

3　「なぜ」そう考えたのかを見つけさせる

　事例と主張を見つけたら，それらをつなぐ理由づけとしてどんな考え方が
なされているのかを，次のように尋ねて見つけさせます。

> 筆者は「なぜ」そう考えたのでしょう？

　このように尋ねることで，理由を見つけていくことができます。
　説明的文章では，理由が省略されている場合もあります。従って，この問
いをきっかけにして，省略された理由づけはどんなことかを考えさせていく
こともできます。
　さらに，事例から導かれる主張は様々に考えていくことができます。「筆
者はこのような理由づけをしているけれども，こういった理由づけをするこ
ともできないだろうか」というように，**事例から自分なりの理由づけを考え
ていく批判的な読みを促すこともできます。**

21 比較読みで３つの力を鍛える

> ### ポイント
> 1 「観点」をもって読む力をつける
> 2 「内容」を読み取る力をつける
> 3 「形式」を読み取る力をつける

1 「観点」をもって読む力をつける

　文章を読み取る際，「どこに目をつけて読むか」という「観点」をもつことで，シャープな読み取りをすることができます。例えば，文末表現に目をつけることで，事実と意見を読み分けるといったことです。

　観点をもって読む力を鍛えるためには，**２つの文章を比較する活動が効果的**です。単独の文章を読むだけでは気づかなかったことが，観点をもって比較することによって，その観点に沿った特徴があらわになります。その結果，それぞれの文章の理解を進めることができます。また，比較して読む際に使った観点を，次に単独の文章を読む際に使うことで，文章の読み取りを促すことにつながります。

2 「内容」を読み取る力をつける

　２つの文章を比較する際，比較対象には大きく分けて，内容と形式の２つがあります。

　内容を比較する活動をする際に使う文章は，それぞれが同様のことについ

第4章　読むことの授業がもっとうまくなる11の技

て書いているものがふさわしいです。例えば，モアイ像について述べた光村図書の２年の教材（「モアイは語る」）と，東京書籍の小学校６年の教材（「イースター島にはなぜ森林がないのか」）について，「『森林がなくなった原因』を観点にして比較して読んでみましょう」という指示を出すと，それぞれの教材に書かれている「森林がなくなった原因」が少し異なっていることに気づかせることができます。同時に，それぞれの教材に書かれている内容の読み取りにもつながります。

　ただ，内容的に類似している教材はなかなかありません。

　その際は，**同様のことについて書かれた新聞記事を教材にします。**

3　「形式」を読み取る力をつける

　形式は，**「文章構成」「論理展開」「表現の効果」**を含みます。形式に関する比較読みの場合には，内容に共通性があってもなくても構いません。説明的文章同士の場合は，文章構成と論理展開についての比較が適しています。

　「序論―本論―結論」といった文章構成については共通性が高いですが，事物を観察，調査し客観的に報告するスタイルのものと，筆者の主張を語る評論文のようなスタイルのものでは，結論の部分に入ってくる要素として，「筆者の考え」の有無や濃さに違いがあります。

　一方，事例から主張をどのような理由づけをして導くのかということや，事例をどんな順序で配列しているのかといった論理展開については教材の特徴がよく表れます。複数の事例の共通点から帰納的に主張を導いているものもありますし，前提を基にして演繹的に主張を導いているものもあります。

　表現の効果については，文学的文章同士の比較読みが適しています。例えば，「走れメロス」（２年・光村図書）と「盆土産」（２年・光村図書）の漢語と和語の使用の仕方に着目し，比較することで，作品の雰囲気の違いの一因に迫ることなどができます。

22 コラムを使って
初見の読みを鍛える

> **ポイント**
>
> 1 「コラム速読み競争」でスピードを鍛える
> 2 「字数制限つき要約」で条件に合わせてまとめる力を鍛える
> 3 「ペアで問題出し合いっこ」で読み取る力を鍛える

1 「コラム速読み競争」でスピードを鍛える

　「読むこと」領域で学習することは，日常生活で文章を読む際に役立てることが大きな目的です。また，高校入試では，はじめて目にする文章と格闘しなければなりません。そこで，初見の文章を読む活動をすることで，「読むこと」領域の授業で学んだ力の活用と，はじめて目にする文章に対して慣れさせることができます。

　そこで使えるのが新聞のコラムです。社説に比べて文章内容が平易でわかりやすいために，国語が苦手な生徒もがんばることができます。また，文章量も短いので，授業の導入の時間を使い，日常的に活動していくことも可能です。

　最も取り組みやすいのは「コラム速読み競争」です。**初見の文章を読むスピードをつけるための活動**です。

　生徒に家庭から昨日の新聞を持って来させます。新聞をとっていない家庭も多いので，そういった場合に備えて，新聞をとっている家庭には昨日以前の新聞を提供してもらったり，教師が職員室から新聞を持って来たりします。

　生徒は教師の合図に合わせて，コラムを音読します。コラムの文字数は

第4章　読むことの授業がもっとうまくなる11の技

600字を超える程度の新聞が多いので，2分以内で読めることを目指します。読めない漢字は「ホニャホニャ」と読むことに決め，読めない漢字でストップしてしまうことを防ぎます。早く読み終わった生徒には挙手させ，順位をつけていきます。そして，1位になった生徒に代表して音読させます。飽きないためのバリエーションとしては，代表して音読する生徒を2位とか3位にしたり，隣の生徒と一文交代で音読させるといったものがあります。

2　「字数制限つき要約」で条件に合わせてまとめる力を鍛える

　コラムは基本的に前半部分から出来事を書き，後半部分で筆者の考えを示すという尾括型の構造をとっています。内容自体もさほど難しいことはありません。従って，**要約する際の抽象度のレベルの学習に適しています。**

　3段階の文字数のレベルで行います。

　1段階目は10文字程度，2段階目は20文字程度，3段階目は50文字程度とし，それぞれ1割程度の文字数の増減は認めます。

　1段階目のレベルでの要約をするには，結論部分の抽象度をさらに高める必要が出てきますので，この活動を行うことで，事柄を抽象化する力として「要するに何が言いたいのか」というようにまとめる力がつきます。

　2段階目のレベルでの要約は，ほぼ結論部分を取り出すとできます。従って，この活動のはじめに取り組むのに適しています。結論は何か見つける力がつきます。

　3段階目のレベルでの要約は，結論部分の取り出し，あるいはさらに抽象度を高めたものに加え，事例をあげるものです。

　事例は，結論部分の前までの400～500字くらいを使い述べられているので，この段階での活動では，事例に書かれていることを圧縮する必要が出てきます。

　「どんな出来事があったのか」ということを簡単にまとめるためには，まず，「何が，どうした」ということを押さえます。次に，求められている字

数に応じ，「いつ」「どこで」「どのように」「なぜ」といった要素を加えていきます。

この活動を繰り返していくことで，文章の骨格をつかむ力がつきます。

全員で１つのコラムについて学習し，やり方をつかんだら，それぞれの手持ちのコラムを使い，その時々で段階を決めて要約をさせ，隣の席同士でお互いの書いたものが正しいかチェックさせます。

読んでから要約文を書いて，答え合わせするまでの活動を10分以内でできるようにしたいところです。

3 「ペアで問題出し合いっこ」で読み取る力を鍛える

コラムの平易な内容を生かした活動です。隣の席の生徒同士で行います。**相手の持って来たコラムを読み，その内容を問う問題をつくって出し合います。**

活動の前にコラムを交換します。次にコラムを読み，問題を３問程度つくります。問題の内容は，何について書かれているかという，文章全体に見出しをつけるもの，コラムの中で○○したのは何か，○○の数はどのくらいかといった，コラムで取り上げられている事例について具体的に問うもの，この指示語は何を指しているのかといった内容のつながりの理解を問うもの，筆者は何を言いたいのかといった結論を問うものなど，様々につくることができます。活動のはじめにモデルを示し，どんな問題をつくるとよいかの共通理解を図ります。取り上げられている事例の具体を問う問題は，つくるのも解くのも易しいので，活動の初歩で行うのに適しています。慣れてきたら３問すべて異なる観点で問題をつくらせます。解き合ったら，互いに答え合わせをします。

問題を解くことにあわせ，問題づくりをすることで読む力を高める活動です。１回の活動を10分以内で行えるとよいでしょう。

第**5**章

話し合い，スピーチの授業が
もっと うまくなる**5**の技

23 スピーチは仲間に向けてさせる

ポイント

1 生徒はだれの話を聞きたいのか考える
2 話したくなる話題・目的を用意する
3 話しやすくなる場を用意する

1 生徒はだれの話を聞きたいのか考える

　思春期に入り，多感な中学生。「友だちの前でスピーチして，自分を表現することなんて嫌がるのではないか」と教師は勝手に考えがちです。

　けれども，それは教師の思い込みです。

　例えば，黒板の前に立ち，得意になって「走れメロス」を書いたときの太宰治の状況の解説をする教師の言葉より，生徒が聞きたいのは，隣の席の生徒が「走れメロス」をどのように読んだかということです。また，生徒が伝えたいのは，自分は「走れメロス」をどのように読んだのかということです。

　生徒は，思春期に入り，自分に対する不安感が強いからこそ，「このことに対して仲間はどう考えるのか聞きたい」また，「自分の捉え方について仲間はどう思うのか知りたい」という気持ちをもっています。

　スピーチの授業を行う際には，まず**生徒は互いの言葉を聞きたがっている**ということを念頭に置きましょう。

2 話したくなる話題・目的を用意する

第5章　話し合い，スピーチの授業がもっとうまくなる5の技

　生徒が語りたくなる，聞きたくなる活動にしていくために必要なことが2つあります。

　1つ目は，**やってみたくなる話題を設定すること**です。

　その際，身近なことで，互いの体験や感じ方の違いがあらわれるものに生徒は興味をもちます。例えば「自分が部活動から得たこと」を語るとか，「出身小学校と中学校生活の違い」を語るといったものです。

　2つ目は，**何のために語るのかという目的**です。例えば「出身小学校と中学校の違いを語り合い，お互いにどんな人なのか知り合おう」といったものです。目的までしっかりと設定することで，活動のやりっぱなしということにならず，意識が焦点化します。

3　話しやすくなる場を用意する

　せっかくつくったスピーチ，一人ひとりの持ち時間が3分として30人のクラスで1人ずつ前に出て発表していくとスピーチだけで90分必要になります。そこに，スピーチを聞いた生徒からの感想などを入れると授業を3時間も使うことになります。時間もかかりますし，聞く側も飽きてしまいます。さらに，はじめてのスピーチだったりする場合，人前で話すことが苦手な生徒にとっては抵抗感が強いものになります。

　そこで，3分程度の分量のあるスピーチだったり，はじめて行うスピーチだったりする場合には，グループの中でスピーチをさせるといった形をとることが適しています。大勢の人の話を聞くのではないので，集中してスピーチを聞き合うことができます。また，大勢の前で話すのではないので，ある程度リラックスしてスピーチを行うことができます。

　その際，**スピーチを聞いているときに，自分の原稿を見ないとか，スピーチが終わったら拍手をするという約束をすることで，話す人を大切にしたスピーチ発表になります。**

24 何ができればよいのかを
具体的に示す

ポイント

1 話すことが苦手な生徒の思いに寄り添う
2 単元や本時で目指すことを絞る
3 学習指導要領の指導事項に添う
4 内容と方法を区別する

1 話すことが苦手な生徒の思いに寄り添う

　人前でスピーチすることが苦手な生徒にとって，あるいは，話し合いで自分の意見を述べることが苦手な生徒にとって，スピーチづくりをしたり，話し合いをしたりしていく単元はとても苦痛です。

　その大きな原因は３つです。

　１つ目は，**自分に自信がないこと**です。

　「自信がない」ということは，話す内容に自信がないということ，話し方に自信がないということの２つから成り立っています。自分が話すことは，間違っていないか，あるいは，とてもレベルの低いことではないかといったように，話す内容に対して自信がもてなければ，とても堂々と話すことはできません。

　また，話し方としては，まず，人前で話すときにははずかしさから下を向いてしまったり，声が小さくなってしまったりするといった態度面での不安があります。また，話の構成の順序などの構成面での不安があります。

　２つ目は，**自信のなさに追い討ちをかけられること**です。

第5章　話し合い，スピーチの授業がもっとうまくなる5の技

　スピーチや話し合いの授業では，お互いの活動している様子を観察し合い，相互評価するという活動がよく行われます。話す内容や話し方に不安のある生徒は，ただでさえ，やっと話しているのに，気にしていることを改めて仲間から指摘されるのですからたまりません。話す内容，話し方，あらゆる角度から指摘を受けると，二度と人前で話したくないと思うでしょう。

　3つ目は，**聞いてもらえるか不安があるということ**です。

　自分を表現するのはエネルギーがいることです。そのエネルギーはどこから湧いてくるかといえば，自分の話を真剣に聞いてくれる相手だからに他なりません。この人は，自分の話を大切にして，一生懸命聞いてくれる，だったら話すことは苦手だけれど，この人のために一生懸命語ろうという思いになります。

　スピーチしているのに，聞き手がよそ見をしていたり，話し合いの中，自分が話したりしている最中に，他の人は私語を交わしているようなクラスでは，話す気持ちにはなれないでしょう。

　単元を組んだり，授業を行ったりする際には，話すことに対して苦手な生徒の思いに寄り添い，活動に対して安心して臨めるようにしていくことが大切です。

2　単元や本時で目指すことを絞る

　苦手意識を払拭して，安心して活動に臨み，確実に力をつけていくためには「絞る」ことが必要です。

　何を絞るかというと，「教えること」です。

　この単元では何ができるようになればよいのか，この授業では何ができるようになればいいのかを絞ります。この単元では，取材して数多くの材料を集めることができればよい，とか，今日の授業では，聞き手に対して問いかけや呼びかけを入れられるようになればよい，といったようにして，目指すことを絞ります。**このことだけできればよい，そして，ここにあげていない**

ことはできなくてもよい，というものを示すわけです。そうすることで，話すことが苦手な生徒も，「これだけだったらできそうかな」という思いになり，やる気もわいてきます。

　このことは，相互評価の場面でも言えます。

　どんな観点から相互評価するのかを示さないと，あらゆる角度からの評価にさらされます。例えば本時は，問いかけや呼びかけを入れて効果的に話せているかといったことに観点を絞ることで，それ以外の話の構成面，態度面といったことについての評価を受けずに済みます。気にしていることを幾つも指摘されるのではないので安心して活動に取り組め，力もついていきます。

3　学習指導要領の指導事項に添う

　単元や授業の焦点を絞っていくためのよりどころとなるものは何かといえば，それは学習指導要領の指導事項に他なりません。

　国語の場合は，数学等と違い，教材は異なっても活動は共通ということが小学校から高校まで続きます。

　だからこそ，**中学1年で求めるスピーチと中学3年で求めるスピーチの違いを教師側がしっかりと認識して，学年段階に合った指導を行っていかなければなりません。**

　求める力が端的に示されているのが学習指導要領です。学習指導要領では，学年段階に応じてどんなことを指導すべきなのかが端的に示されているので，単元に入る前にその領域について書かれているところを読んでおくとよいでしょう。

4　内容と方法を区別する

　「話すこと・聞くこと」や「書くこと」の領域で気をつけなければならないことが，「内容」とそれを支える「方法」の区別をすることです。

第5章　話し合い，スピーチの授業がもっとうまくなる5の技

　例えば，２年で「よりよい生徒会をつくろう」という単元を組み，スピーチをつくったとします。

　生徒の思いは，この活動を通して，現在の生徒会活動の成果と課題を分析したうえで，よりよい生徒会づくりのきっかけにしようというものです。これが「内容」です。

　このときに，「方法」として，プレゼンテーションソフトを使って，スピーチを効果的に進めていくようにしたとします。

　生徒にとってのゴールは「内容」の達成となりますが，つけたい力は「方法」の獲得になります。

　ここで生徒と教師の意識のずれが起こりがちです。

　教師がプレゼンテーションソフトの内容や構成に意識が行き過ぎて，そちらの方面にばかり評価をするようになると，生徒は「結局，生徒会活動の向上なんて，先生は大事にしていないんじゃないの」「生徒会の活動がダシに使われた」という気持ちになってしまいます。

　この単元の場合，肝心なのは，**まず目指す「内容」があり，その内容を効果的に伝えていくために「方法」があるという構造を，生徒と教師が共通理解すること**です。

　ただ，いつでも，「内容」が上位にあり「方法」が下位になければならないというわけではありません。

　「場面の状況に合わせて適切に話す」力をつけたい。そのために，この単元では，場面設定を変えて，「部活動のよさを伝える」という内容でスピーチをする，といったように，「内容」と「方法」との関係を生徒と教師が共通理解していることが必要です。

　そして「内容」の獲得をしていった場合には，獲得したことを日常生活や社会生活に生かしていくこと，獲得できた「方法」については，次にスピーチや話し合いの学習をしていくときに生かしていくといったように，それぞれの性格に応じて活用への意識を促しましょう。

077

25 モデルにならって話し合いをさせる

ポイント
1 話型ではなく，思考モデルを身につけさせる
2 教科書モデルからイメージをつかませる

1 話型ではなく，思考モデルを身につけさせる

「話すこと・聞くこと」領域での「話し合い」の活動をするときでも，その他の領域や教科の授業で話し合いの活動をするときでも，お互いが語っていることが関連し合っていくことが必要です。

自分の考えをノート等にまとめてあっても，お互いにそれを発表することが連続し，発言に関連がないのでは，話し合いは広がりませんし，深まりません。

発言が関連し合い，話し合いが広がり，深まっていくためには，互いの発言を受け止める際に，思考のモデルが必要になります。

小学校の授業では，「○○さんの考えと似ていて…」「○○さんの考えと少し違って…」といった「話型」を示して，前の発言に対する関連性をもたせます。

話型に内容を当てはめていくことによって，思考を促しているのです。例えば，「似ていて」や「少し違って」をつけて発言するのは，前の発言と自分の考えを「比較」する思考をさせているのです。

中学生の場合には，「話型」に当てはめさせるとかえって話しにくくなる場合が多いでしょう。それは，中学生の方が，小学生に比べて語彙が豊富で

あり，言葉のつなげ方も巧みだからです。

　従って，生徒には，**「思考モデル」を使って，発言を聞く**ことを指導します。例えば，1年生の段階では，相手の発言を聞く際には，自分の考えとの共通点を意識することや，相違点を意識することを指導し，共通点や相違点が相手にわかるように発言の冒頭に述べるようにさせます。そうすると，前の発言と共通したことを語るのに，「○○さんと似ていて…」だったり「○○さんと同じような考えは私にもあって…」といった，自分なりの言葉があらわれてきます。

2　教科書モデルからイメージをつかませる

　「話し合い」の学習をする際，話題に対して一定の結論が出ればよいというのだと，「話し合う力」を高めたことにはなりません。

　この単元ではどんな「話し合う力」をつければよいのか，という問いに対する1つの完成形のモデルが，教科書に載っている話し合いの様子です。

　従って，教科書に載っている話し合いのモデルを丁寧に扱うことによって，生徒にとってどのように話し合いに参加することが求められているのかを具体的にイメージすることができます。

　その際，**教科書のモデルを，役割を決めて読み合い，話し合いのイメージを具体的につかませることが効果的**です。

　このときに，ただ役割を決めた読み合わせをしていても意味はありません。**観点を決め，発言を分析させることが必要**です。例えば「前の発言との共通点を意識している発言はどれですか」のように，観点に沿って発言を見つけさせていきます。そして，その発言の効果についても考えさせ，価値を見つけることで，自分でもやってみようという気持ちになります。

　話し合いのモデルから自分たちに生かすものを3，4個程度に絞り，次時以降の話し合いで実際に行うことで，確実に力がついていきます。

26 4つのステップを踏んで
スピーチをつくらせる

ポイント

1 一つひとつのステップにしっかり取り組ませる
2 3つのポイントでスタートとゴールをそろえる

1 一つひとつのステップにしっかり取り組ませる

　スピーチづくりの活動は，意見文等を書く活動と同様に，文学的文章の読み取りなどの「読むこと」領域とは異なり，一人ひとりの活動内容がはっきりと分かれます。一人ひとりの活動の程度がバラバラになってしまいがちです。授業の中でスピーチづくりが終わらず，結局，家庭学習にして，それでもできない生徒がいる，といったことに陥りがちです。

　だれもが確実にスピーチをつくり，発表していくためには，次の4つのステップにしっかり取り組むことが必要です。

　1つ目は材料集め，2つ目は構成，3つ目は原稿あるいはメモと資料づくり，4つ目は話し方の練習です。

　話すことがないと，その後の活動は展開できません。材料集めの段階では，だれもが集められるように，材料を考える必要があります。材料には2種類あります。部活動や生徒会のように自分の経験から取材するものと，図書館等で調べるものです。図書館等で調べるものについては，どんな資料がどのくらいの人数分あるか，教師があらかじめ下調べをしておく必要があります。また，ネット検索をする場合には，どんなサイトを調べればよいのか下調べしておく必要があります。

第5章　話し合い，スピーチの授業がもっとうまくなる5の技

　2つ目の構成や3つ目の原稿あるいはメモづくりについては，教科書のモデルが参考になります。各学年の段階に応じて，構成や表現の仕方は異なります。それが端的に反映されているのが教科書のモデルです。積極的に参考にしていきましょう。ただし，ただ真似をしても次に生きる力とはなりません。このモデルではどんなことが特徴かを共通理解することが必要です。

　原稿やメモ，資料が整ったとしても，それだけではスピーチを行うことができません。4つ目のステップとして話し方の練習をすることが必要になります。その際，相互評価しながら練習していくと効率的なのですが，評価の観点が多過ぎたり，観点そのものがなかったりすると，効果がありません。資料を指差しているかとか，聞き手の反応を見ているかなどの具体的な観点を決めて行うと効果的です。

2　3つのポイントでスタートとゴールをそろえる

　スピーチづくりをしていくうえで，だれもがちゃんとスピーチができるためには，1時間の活動のスタートとゴールをそろえることが極めて重要です。1時間の中で材料集めが終わらない生徒が次の時間にまだ材料集めをし，その傍らで別の生徒はスピーチの構成をつくっている…，というように学習の段階がバラバラになると，教える方も大変ですし，遅れている生徒に焦りが出たり，やる気がなくなったりして，よいものはできません。

　このような状態を防ぐには，3つのポイントがあります。1つ目は，「材料集めは今日ともう1時間だけ」というように，**「活動時間」を明確に示す**ことです。2つ目は**「活動方法」を明確に示す**ことです。その際，生徒がつまずきそうなポイントについて補定することが必要です。なお，つまずきそうなポイントは，生徒が行う活動を前もって教師がやってみることで具体的にみえてきます。3つ目は，「今日はプレゼンシートを5枚つくる」といったように，だれもができる最低基準となる**「活動量」を示す**ことです。

27 「アフター4紹介スピーチ」で
お互いを理解させる

ポイント

1 だれもが気になる放課後の生活をスピーチする
2 日常的なスピーチ活動につなげる

1 だれもが気になる放課後の生活をスピーチする

スピーチをし合い，聞き合うことで，国語科で求める「話すこと・聞くこと」領域の力がついていきます。

また，スピーチをし合い，聞き合うことで，自分のことを相手に知ってもらい，相手のことをよく知ることもできます。互いを知り合うことから親近感が生まれ，より温かな学級づくりにつながります。同時に，「話すことっていいなぁ」という気持ちも生まれ，スピーチをする活動への意欲が高まったり，安心して自己表現する気持ちが高まったりしていきます。

そのために行うのが**「アフター4紹介スピーチ」**です。

放課後友だちがどんなことをしているのかは，大いに気になるところです。部活動ではどんなことをしているのか，部活動に入らず帰宅している生徒は何をしているのか，あの塾に行っている生徒はどんな勉強をしているのか…など，気になることはたくさんあります。

また，自分が普段行っていることなので，話すこともたくさんあります。

つくってスピーチを聞き合うまで1時間の授業の中で行います。

まず，授業の導入で，お互いが放課後に行っていることを知っているか尋ね，それを知り合い，お互いの生活に生かしたり，お互いにより仲良くなっ

第5章　話し合い，スピーチの授業がもっとうまくなる5の技

ていくきっかけにしたりしようと投げかけ，活動への期待と意欲を高めます。
　そして20分程度で次のような要素と構成でスピーチメモをつくらせます。

---

❶自分が放課後行っている活動
　　曜日によって違う人は，自分が友だちに最も聞いて欲しい曜日のこと。
❷具体的にどんなことを行っているか
　　いつ，どこで，だれと，どんなことを，どのように行っているか，なぜその活動を行っているか，の要素を入れます。また，活動の中でのちょっとしたエピソード（おもしろかったこと，つらかったことなど）も盛り込みます。
❸活動に対する思い
❹今後，その活動をどうしていきたいか

　話すときに2分以内に収まるように，箇条書きでメモをつくっていきます。
　メモが完成したら，お互いに聞き合います。聞き合うのはペアで行います。お互いに向き合い，片方の生徒がスピーチします。
　スピーチを聞いたら，質疑応答や意見交換の時間をとります。聞き手は，次のような観点で質問や意見・感想を述べます。

　・もう少し詳しく聞きたいことの質問（なぜそんなにがんばれるのか，
　　その活動のどこが特に魅力的なのかなどの観点で）
　・自分の放課後の生活と比べて思ったこと
　・がんばっている相手に対する応援
　・相手の話を聞いて，今後自分はどうしたいか

　スピーチをした方は，質問に答え，言われた意見・感想に対して思ったことを伝えます。
　質疑応答や意見交換が終わったら，話し手と聞き手を交代して，同様の活

動を行います。7分経ったら，教師が終了の指示を出します。**早く終わった**
ペアは，沈黙の時間にするのではなく，お互いの活動に対してもう少し話を
するということを約束として決めておきます。

　終了したら，片方の生徒が席を1つずつ移動します。こうすると，1時間
の授業の中で，3人程度のスピーチを聞くことができます。

　授業終了時には，活動の感想を生徒に尋ね，今後もお互いを知り合い，仲
のよい関係を築いていくことを呼びかけます。

2　日常的なスピーチ活動につなげる

　授業のはじめの2分であったり，朝や帰りの学活の時間の中での2分であ
ったりと，日替わりでお互いのスピーチを聞き合うことを行っていくと，お
互いを知り合うことや，人前で話すことへの抵抗感を軽くすることにつなが
っていきます。そのためにも，まず「アフター4紹介スピーチ」のような活
動を一度行い，スピーチの簡単なアウトラインを理解させ，活動の楽しさを
実感させます。一度やり方がわかると，次は自分でスピーチをつくれるよう
になっていきます。

　日常的なスピーチにしていくために大切なことは次の3つです。

　1つ目は，**テーマを，聞きたい，語りたいものにしていくこと**です。愛読
書，座右の銘，趣味，好きなアイドル等，様々なテーマを生徒と共に考えま
しょう。

　2つ目は，**反応があること**です。スピーチをした後には，次の順番の生徒
が意見や感想，質問を述べるようにします。意見等を述べる生徒の順番を決
めておくと，反応がないという状況から回避し，時間の短縮につながります。

　3つ目は，**変化をつけ，飽きないようにすること**です。ペアでインタビュ
ー形式でやるシリーズや，スピーチの相手を小学生，高校入試の面接官，高
齢者…と仮定して変化させていくシリーズなど，変化のつけ方次第で楽しく
持続できます。

第6章

書くことの授業が
もっと うまくなる6の技

28 自分だけの資料リストを
つくらせる

> **ポイント**
> 1　1つの資料だけを情報源にさせない
> 2　それぞれの資料の特徴をメモさせる

1　1つの資料だけを情報源にさせない

　意見文を書く場合，図書館に行き，1つの資料を基にして書くと，内容が貧弱なものになったり，分量も乏しいものになったりしがちです。一方で，複数の資料を基にして書いたものは，内容的に豊かなものになり，分量もあり，説得力のあるものにすることができます。

　例えば，地球温暖化について，地球温暖化が起きている原因について書かれた資料，地球温暖化により具体的にどのような問題があるかについて書かれた資料，地球温暖化対策について書かれた資料などの複数の資料を基にして書かれた意見文は，とても説得力のあるものになります。

　けれども，実際の単元では，1つの資料を基にして意見文を書く場合が多いものです。なぜそういったことが起きるかというと，**教師の側で生徒が複数の資料に当たるしかけをつくっていないからに他なりません。**

2　それぞれの資料の特徴をメモさせる

　生徒が意見文を書くテーマがおおよそ決まったら，図書館に行きます。そこで，1時間使い，自分だけの資料リストをつくらせます。いわば**公共図書**

館にあるパスファインダーを生徒に自力でつくらせるのです。

　生徒にはまず，本の背表紙を手がかりにして，自分のテーマに関連のありそうな本を図書館内の片っ端から集めさせます。自分の前に４冊，５冊のちょっとした本の山ができます。

　そうしたら，本の目次を見て，内容の見当をつけます。そして，見当をつけた箇所を概観します。すると，大体の内容をつかむことができます。

　ノートには次の５つについてメモします。

---

❶本の題名
❷分類番号
❸調べたいことが載っているページ
❹およそどのようなことが載っているか
❺特徴（図表が載っている，易しい言葉で書いてある　など）

　生徒が持って来た本には必要な情報が載っているとは限りません。必要な情報が載っていないと判断したら，次の本を調べていくようにします。

　また，テーマの中には，背表紙にそのテーマに当たる言葉が書いてない場合もあります。その場合には，自分の設定したテーマと関連がありそうな言葉がタイトルになっている本を見つけます。

　その際，背表紙だけではなく，目次も見てみることで，自分が調べたいテーマが書かれた本と出合うことができます。この１時間は資料リストをつくるだけにして，次の時間から，それぞれの本の内容をしっかり読んでいきます。**意見文の妥当性が高まり，テーマに関連した資料をいくつも集めることの楽しさも味わえます。**

【参考文献】
石狩管内高等学校図書館司書業務担当者研究会著『パスファインダーを作ろう　情報を探す道しるべ（学校図書館入門シリーズ12）』（全国学校図書館協議会，2005）

29 意見文は意見文マップを使い 論理的につくらせる

ポイント

1 意見をつくる7つの要素を意識する
2 意見文マップで思考を論理的につなげさせる
3 簡単なテーマでトレーニングさせる

1 意見をつくる7つの要素を意識する

　生徒の意見文を読むと，長く書けているけれども論旨が一貫していないものが多く見られます。最初に取り上げた問題意識とずれたところで結論を導いてしまったり，自分の文章に酔ってしまったりしているようなものも見られます。

　一方で，書き進め方が思い浮かばず，手がつかないという生徒もいます。

　このような実態が生じるのは，「意見」にはどのような要素があり，どのような論理で展開されているのかに関しての指導の不足があります。さらに言えば，**論理的な意見の要素と展開についての教師側の理解不足が原因となっています。**

　意見には，以下の7つの要素があります。

❶テーマ　　　❷立場　　　❸観点　　　❹対象全体
❺根拠　　　　❻理由づけ　❼主張

　これら7つの要素に沿って思考を展開することにより，論理的な意見が生

まれます。

2 意見文マップで思考を論理的につなげさせる

　思考を展開していくためには，流れが必要です。そこで活用するのが意見文マップです。

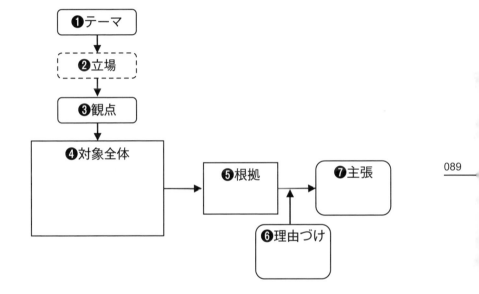

　マップで示した思考の流れは次のようになります。
　まず，例えば「部活動の意味」という**テーマ（❶）**を立てたとします。
　次に，そのテーマに対する自分の**立場（❷）**を定めます。ただし，二項対立のテーマであるような賛成・反対，肯定・否定といった立場をとるような場合には立場の設定をしますが，そうではない場合には，立場は設定しません。
　次に，対象全体を見る**観点（❸）**を設定します。
　例えば，部活動での「あいさつ」を観点とします。観点を設定したら，そ

の観点で，**対象全体（❹）**を見ます。この場合の対象全体というのは，「中学校生活」になります。

　「あいさつ」という観点で，「中学校生活」を見るわけです。その観点で取り出されてくる情報が意見の**根拠（❺）**となります。この場合「部活動では先輩に大きな声であいさつをした」とか「対戦相手に感謝の気持ちを込めてあいさつをした」といったことが根拠となります。

　根拠を取り出したら，**理由づけ（❻）**をして，**主張（❼）**をつくっていきます。理由づけの際に使う考え方としては，２つの対立するものを「比較」するものや，根拠となるものを原因としてその結果を導いていく「因果」の思考を使うものや，前提となる考え方に当てはめる「演繹」的な思考，複数の根拠の共通点をあげる「帰納」的な思考などがあります。例にあげた場合だと，「部活動では先輩に大きな声であいさつをした」とか「対戦相手に感謝の気持ちを込めてあいさつをした」といった経験は，「これからお世話になっていく人に感謝の気持ちをしっかりと表していけるだろう」という「因果」の思考をした理由づけをして，「部活動の意味」に対するテーマとして，「将来，社会生活をスムーズに送ることのできる基礎」という主張を導くことができます。

　以上のようにテーマから思考を順々に展開していくことが基本ですが，必ずしもそのように思考が展開していかない場合もあります。

　対象全体から，自分の関心に基づいて根拠を取り出した後に，自分はどんな観点で根拠を取り出したのかを整理して考えることもあるでしょう。また，根拠から主張をつくった後で，自分はどうしてそう考えたのかを意識する場合もあるでしょう。意見文マップにしてあると，このような場合にも適応することができます。それぞれの要素が示されているので，書き出しやすいところから書いていき，不整合を起こさないようにつながりを自分でチェックしながら書き込んでいくことで，論理的な流れができます。マップをつくったら，筋が通っているかペアやグループで検討し，論理を磨いていきます。

第6章　書くことの授業がもっとうまくなる6の技

　実際の意見文では，意見文のテーマ設定をした後の材料集めの段階でこのマップを使います。**マップをつくることで，論理的な思考を促すと共に，いろいろな立場や観点で対象をみていくことにより，ものの見方を広げていくこともできます。**

　その後，いくつかの意見文マップを合わせて，つまり，いくつかの観点から対象を見て考えたものを合わせて，文章化していきます。

3　簡単なテーマでトレーニングさせる

　意見文マップが使いこなせるようになるには，簡単なテーマで楽しくトレーニングさせることが効果的です。

　最も簡単で生徒の意欲がわくテーマは，二項対立のものです。

　例えば「中学生は学校に携帯電話を持ってきてもよいか」といった Yes or No タイプのものや，「筆記用具は鉛筆がよいか，シャープペンシルがよいか」といった2つのうちどちらを選ぶかを選択するタイプのものです。

　1時間の授業では，最初5分くらいでやり方を説明します。

　そして，どちらの立場にするか選ばせ，挙手させ人数分布を把握します。

> どちらの立場がより説得力のある意見がつくれるでしょうか。互いに相手の立場を説得できるような意見をつくって意見交換し合いましょう。

　このように投げかけてマップを作成させます。

　1つできたら観点を変えて新しくつくらせていきます。20分程度経ったところで，まず，同じ立場の生徒同士でマップに書いたことを知らせ合い，筋がしっかり通っているかチェックします。

　その後，立場の違う生徒同士でグルーピングし，互いの意見文マップに書いたことを聞き合い，意見交換します。

30 正しく，反論，再反論させる

ポイント
1　互いの意見への反論を出し合わせる
2　反論に正対した再反論を考えさせる

1 互いの意見への反論を出し合わせる

　意見文は，反論を予想し，その反論であげた課題を解決する再反論を示すことで，一層説得力を増します。

　けれども，そもそも自分の意見に対する反論を予想することが難しい生徒も多いのが実情です。自分の意見が正しいと思う気持ちが強いほど，反論を考えることは難しいものです。また，反論を考えることは，対象に対して様々な観点から考えることが必要になるので，幅広く考えることが苦手な生徒にとっては難しいものです。

　しかし，自分の考えに対する反論を考えることは苦手でも，他の人の考えに対する反論を考えることは，生徒にとって難しいことではありません。

　そこで，お互いの意見に対する反論を出し合う活動を行います。**取材を進めていき，根拠から自分の主張ができた段階で行います。**

　グループになり，自分の主張とその根拠を述べます。それに対して，まわりの生徒が「でも，そんなことしたらこうなっちゃうんじゃないの？」とか「もし，こうなったらどうするの？」のような反論を出します。そのようにすることで，自分の考えから懸念されることに対する考えをもちます。また，反論を考えるときには，「『自分の考えを実行したら，こういう問題も起きそ

第6章　書くことの授業がもっとうまくなる6の技

うだ』という先の予想を立てるとよさそう」という，反論を立てるための考え方を知ることができます。また，他の人から出された反論に対して，「その場合は…」というように再反論もさせます。これが，反論に対する再反論をつくっていくための土台となります。

2　反論に正対した再反論を考えさせる

　反論に対する再反論を考える際に起こりがちなのが，両者が正対していないという問題です。

　例えば，過疎化・高齢化をテーマにして，中学生が積極的に高齢者の家庭を訪問し，家事を手伝うという主張を立て，個人のプライバシーに踏み込むことはよくないのではないかという反論を予想したとします。

　その際の再反論として，高齢者は子どもたちと触れ合うことで元気になってくれるといったように論を展開したとします。これでは，プライバシーの問題を，訪問の効果の問題にずらしてしまったことになります。

　このようなことにならないための再反論は，基本的には**「反論であげられた問題を解決できるもの」**である必要があります。

　例えば，プライバシーの観点での反論に対しては，高齢者の家庭に訪問する際には許可を得て，そこで得た情報については他の人に言わないというルールをつくる，といったものです。「その問題に対してはこうする」といったように，反論の観点に沿った内容に対して再反論を展開します。

　自分で反論と再反論をつくったら，反論に正対する再反論になっているかどうかの観点で，ペアやグループでチェックし合います。

　反論に対する再反論をつくっていく場合，例えば，プライバシーより高齢者が元気になる方が大切といった「そんなことよりこっちが大事」という方式で再反論する方法もありますが，論点がずれてしまう危険があるので，まずは反論で設定した観点・内容に沿った再反論を考えることが大切です。

31 修学旅行をドラマにさせる

ポイント
1 書ける，書きたくなる題材を逃さない
2 読み手を意識し，多様な文体で

1 書ける,書きたくなる題材を逃さない

「書くことがない」「書くのが面倒くさい」，これらは文章を書くことを苦手とする生徒にとっての2つの大きな問題です。これらを取り除くために，修学旅行をはじめとする，林間学校，臨海学校などの大きな学校行事は，大きな役割をもちます。

修学旅行などは，多くの場所を見学し，宿泊し，文章を書くための材料が豊富にあります。また，たくさん体験したことを残したいと思う気持ちも基本的には強くもつものです。このことは，中学校3年での部活動最後の試合，文化祭での最後の演奏といった課外活動のハイライトについても同じことが言えます。

ただし，「旅行記を原稿用紙に50枚書きなさい。書き方は自分で考えなさい」というような指示で書かせると，せっかくの機会が台無しになります。そのような指示を受けて書くと，原稿用紙を埋めることで精一杯になり，たとえ詳しく書いてあっても，文章は間延びし，わくわくした気持ちなどは伝わってきません。

従って，**生徒にとって，「書いてみたい！」と思えるような設定を整えることが積極的に文章を書いていくカギになってきます。**

第6章　書くことの授業がもっとうまくなる6の技

2　読み手を意識し，多様な文体で

　旅行の中でどんなドラマがあったのかを知り合うということを目的にして，書いたものを読む相手をクラスの仲間というように設定します。読み手がいることで，しっかりと書こうという意識が強まります。

　書く対象としては，大勢で見学したところについて書いてもよいし，自分だけ，あるいは少人数で体験したハプニングのようなことについて書いてもよいこととします。

　書き方としては，**「小説のように書く」**ことを投げかけます。長い小説にしてもよいし，短編小説の集まりにしてもよいこととします。短編の場合は一編を原稿用紙３枚程度とします。

　小説のジャンルについても指導します。

　例えば，班行動で，あちこちと迷いながらも見学地を回って来られたというなら，冒険小説にするのも楽しいでしょう。同じく班行動で，どこでお昼ご飯を食べるかなど，仲間ともめたり，仲直りしたりしたというなら，友情をテーマにした青春小説にするのも楽しいでしょう。また，歴史的建造物を見て，その建物が建てられた当時にタイムスリップする時代小説や，スキー等のスポーツ体験をしたのであれば，スポーツをテーマにした小説にするのも楽しいです。生徒から，どんな体験をどんな感じの小説に仕立てたらおもしろいかを引き出し，いろんなジャンルの小説に目を向けさせます。

　ジャンルが決まったら，視点を決めます。「少年の日の思い出」のように一人称にするか，「走れメロス」のように三人称にするか考えさせます。

　そして，冒頭から終末までおよそどのような展開にするか決め，書き出しを考えさせます。「少年の日の思い出」のように回想シーンから始める，会話文から始める，昔話風に時，場，人物設定から始める…などいろいろな工夫ができます。

　書き終えた小説はクラスで読み合い，思い出を共有し，表現のよさに学び合いましょう。

32 1分間でどれだけ視写できるか 挑戦させる

> **ポイント**
> 1 速記力と正確性と集中力を鍛える
> 2 多様な教材とやり方で変化をつける

1 速記力と正確性と集中力を鍛える

中学校に入学してくる段階で，生徒の書く「速さ」には個人差が大きくあります。例えば，教師が学習課題を板書する際，教師が書くのとほとんど変わらない速さで書ける生徒がいる一方で，黒板に書かれたたった1行の文を写すのに1分以上かかる生徒もいます。

このような状態で，板書の視写の遅い生徒にペースを合わせると，授業全体が間延びし，私語が発生し，授業が崩れていきます。反対に，視写の速い生徒に合わせると，ノートに書いているうちに発問をすることになるので，発言の数が減っていきます。

いずれにしても，書く速さが学級全体で速い方にそろっていることが学級全体の学力を高めていくことにつながります。そこで必要になるのが，**視写のトレーニング**です。

授業の冒頭，1分間視写をさせ，まずは速さを競うことにより，速記力が高まっていきます。速く書けるようになってきたら，正確に書くことを求めます。速く書くことも，正確に書くこともどちらも集中していないとできません。従って，視写を行うことで集中力をつけることもできます。

また，視写をしている時間は教室が鉛筆の音だけになり，静まり返ります。

第6章　書くことの授業がもっとうまくなる6の技

授業全体を引き締まった雰囲気にすることにもつながります。

2　多様な教材とやり方で変化をつける

　視写する際の教材には様々なものがあります。

　初歩の段階では，音読をしてなじんでいる国語の教科書の文学や説明文の既習の教材が適しています。けれども，この教材では，なじんでいるだけに，教科書の文章をしっかりと見なくても書けてしまうという欠点があります。

　そこで，**できるだけ初見の文章の視写を行うようにします。**

　手軽にできるのは，まだ学習していない教材です。「１分間時間をとります。〇ページの□行目から視写しましょう」と指示を出します。初見の文章ですから，正しく読まないと正しく書くことができません。速さに加えて正確な読み取りの力をつけることができます。教科書の文章だけではなく，時には新聞のコラムを使うこともよいでしょう。

　なお，**正確な読み取る力をつけるためには，数学の問題を写すことも効果的**です。

　次に，だれもが主体的に取り組む視写の方法についてです。

　まず，オーソドックスな方法として，隣同士でペアを組み，どちらが正確に速く視写することができたのかを競うというものがあります。１分経ったところで，どちらがたくさん書けたかをチェックし合います。次に，誤字を見つけます。誤字１字につき，５文字分減点にして，正しさと速さを競います。

　けれども，字を書くことが億劫だという生徒にとっては，たとえ１分間でも視写をすることに対する抵抗があります。その場合は，**自分の目標の文字数を決めて，各自でゴールを変えたり，ペア単位で対抗戦にして，仲間のために取り組まざるを得ない状況をつくったり**します。

　活動のはじめに目的を示してから行いましょう。各学期のはじめに行うのがその後の授業でのノートの取り方の意識を高めるうえで最も効果的です。

33 魅力的な自己ＰＲ文を書かせる

ポイント

1 自己肯定感をもたせる
2 具体的なキーワードを入れさせる
3 過去と未来を関連づけさせる

1 自己肯定感をもたせる

高校の推薦入試では，自己推薦書を提出する場合がほとんどです。

自分をしっかりＰＲしなければならないのですが，そもそも，「自分には よいところなんて見つからない」という状態の生徒が多くいます。そんな生 徒には，まず自分に自信をもってもらうことが必要になってきます。

また，中学生になると，客観的に自分を見つめる目も耕されてくるので， 全体として自己肯定感が下がる傾向になります。従って，自分に自信をもち， 様々なことに挑戦していけるようになるためにも，推薦入試を受ける生徒だ けではなく，学級全体に対して自己ＰＲ文を書かせる授業を行います。

まず，自分で自分のよいところ探しをします。部活動，生徒会活動，性格， 授業，家庭学習，清掃，性格などさまざまな観点から自己分析をします。

このときも，「よいところなんて浮かばない」という生徒がいます。そこ で，**卒業生が書いた推薦文（あらかじめ許可を得たもの）を読ませます。**す ると，先輩たちも自分のよいところをがんばって見つけたということがわか り，自分もそれにならって自分のよさを発見したいという気持ちになります。

それでも「よいところなんてない」という生徒がいます。

第6章　書くことの授業がもっとうまくなる6の技

もはや，そういう生徒はそもそも推薦入試を受ける資格はありません…，と言いたい気持ちをこらえて，**仲間同士でよいところ探しをさせます。**

ノートを交換して隣の席の生徒のよいところを書きます。部活動，生徒会活動，性格，授業，家庭学習，清掃，性格などの観点から見つけさせます。お互いに書き終わったら，隣同士で片方の席の生徒が移動します。これを数回繰り返します。

ここまでの3つの活動を行うことで，大方は自分のよさが見つかり，自己肯定感をもち，自己PR文を書くことに前向きになります。

15分くらいで以上の活動を行います。

この段階でも「見つからない」という生徒に対しては，国語担当教師や担任が個別に話をし，自己肯定感をもてるように支援します。

2　具体的なキーワードを入れさせる

「部活動を一生懸命がんばりました」という文と「男子バスケットボール部でウォーミングアップのために行っていた毎日の4km マラソンを欠かさず行いました」という文では，どちらが読み手の心に届くでしょうか。

当然，後者の方でしょう。

読み手は書き手がどんな生徒なのか文章からしかわかりません。一般的，抽象的なことを述べても，人となりは読み手には伝わらず，たくさんの文章の中に埋もれてしまうだけです。

このようなことを述べて，自分をPRするための材料を書き出させます。

まず，先ほど思い浮かべた自分のよいところの中から，「これについては特にがんばった」とか，「これについては他にはない自分の個性が出ているところだ」といった基準で1つの観点を選び，簡単なエピソードを書き出させます。このときに，**具体的なキーワードを入れるようにします。**

例えば，部活動について書くのであれば，何部に入っていたとか，継続してがんばったことがあれば，何をどの程度やどのくらいの期間，どうしたの

かといったことです。当然，キャプテンや生徒会長をしたということがあれば，書き出します。3つくらいのエピソードを5分くらいで書き出します。

3　過去と未来を関連づけさせる

続いて，自分が高校に入ってから取り組んでみたいことや，将来の夢といった未来のことについて書き出します。

このときに気をつけることは，**中学時代のエピソードと関連づけさせる**ということです。例えば，「中学校で美術部に入り，文化祭ではステージバックの大きな絵をかき，絵をかくことの楽しさを知った。将来はデザイナーになりたい。だから，高校ではデザインの勉強に専心したい」という展開になれば，過去の自分と未来の自分はつながります。けれども，中学校で美術部に入っていたというエピソードを出したにもかかわらず，高校では，陸上部に入りたいというように展開すると，過去と未来が関連づかなくなります。

関連づけるためには，2つのことが必要になります。

1つ目は，**「エピソードの意味づけ」**をすることです。例えば，美術部のエピソードを受けて，1人で集中して取り組む価値を学んだという意味づけをし，学んだことを次はスポーツの世界で追究したいという展開にすれば，陸上部をがんばりたいということへの関連をもたせられます。

2つ目は，**「自然な流れでのつながり」**をもたせることです。美術部をがんばっていたことと，デザインの勉強をしたいというのは，不自然なつながりではないと一般に受け入れられます。ただし，このときも，エピソードの意味づけをすることは説得力をもたせるために必要です。

エピソードの意味づけと未来の自分を書くのに5分程度の時間をとります。

次に，書き出したことを，「中学時代の自分→意味づけ→将来の自分→高校でやりたいこと」の順で文章化していきます。20分程度の時間をとり，400字程度の分量で端的に書きます。

残り5分で交流の時間をとり，互いの文章のよさに学び合います。

第**7**章

古典の授業が
もっとうまくなる**4**の技

34 たくさん音読・群読させる

> **ポイント**
>
> 1 いろんな形態で音読・群読させる
> 2 覚えるまで音読させる

1 いろんな形態で音読・群読させる

　古典の文章の内容の解釈は大切なのですが，そこに偏ってしまうと生徒にとっては楽しい学習になりません。

　一方，古典の文章の多くは，声に出して読むとリズムがよく心地よいものです。そこで，古典の学習を楽しく，活発に進めていくためには，音読や群読を活用することが効果を生みます。

　生徒が教材の全文を１人で音読するのも楽しいものですが，やがて飽きてしまいます。飽きないためには，いろいろなパターンの音読や群読をすることが大切です。音読のパターンには次のようなものがあります。

・教師が読んだ文を教師の後に続いて音読する。

・１人で全文を音読する。

・隣の席の生徒と一文交代で音読する。

・隣の席の生徒とペアになり，間違えたら交代して音読する。

・男女でペアになり，一文交代で音読する。

・４人グループの中で，一文交代で音読する。

第7章　古典の授業がもっとうまくなる4の技

　群読のパターンには，次のようなものがあります（集団で音読することも
含みます）。

・生活班の順で，一文交代読みをする。
・部活単位で，一文交代読みをする。
・縦の列で窓際の列から順に，一文交代で音読する。
・横の列で前から順に一文交代で音読する。
・男女交互に，一文交代読みをする。
・班でチームになり作品の盛り上がりに合わせて人数を変化させて群読
　する。

2　覚えるまで音読させる

　音読や群読をしたら，暗唱させたいものです。覚えることによって，古典
のリズムを一層味わうことができます。ただし，一度にたくさんの分量を覚
えることを要求するのは避けたいものです。なぜなら，**覚える力に個人差が
あるから**です。たくさんの分量を一度に覚えることを要求されるとはじめの
うちはがんばっていた生徒がどんどん脱落していきます。結果的に「暗唱は
難しくて嫌い」ということになってしまいます。

　そこで，まずは最初の一文だけ覚えさせます。覚えたら隣の席の生徒同士
でテストをさせます。次に二文目だけ覚えさせ，同様の形でテストをします。

　そうしたら，一文目と二文目の両方を合わせて隣同士でテストをします。

　すると覚えることに自信が出て，楽しくもなってきます。ここで自分が挑
戦したい分量を決めさせ，隣の席の生徒同士で申告し伝え合います。

　5～10分個人の暗唱タイムを設けた後，それぞれが申告したレベルまで暗
唱できたか隣同士でテストし合います。無理やりではなく，少しずつ，楽し
く覚えさせましょう。

35 4つのステップを踏み，
生徒の力で内容理解をさせる

> ### ポイント
> 1 生徒主体で古典の学習に取り組ませる
> 2 4つのステップで内容理解をさせる
> 3 2段階の単元展開で確実な成果を上げる

1 生徒主体で古典の学習に取り組ませる

古典の授業は，教師の解説と口語訳が中心になり，生徒に「古典はつまらない」という意識をもたせてしまうことがあります。

生徒が自分から授業に参加し，自分で内容理解を行っていくようにしたいものです。

そのためには，教師からの解説を少なくして，生徒が自分で内容に目を向けていくようなしかけが必要になります。

また，内容を読み取っていく際に，内容の読み取りだけではなく，「どのように読むことで内容が理解できるのか」という読み方も獲得できるようにしたいところです。

生徒が自分で内容に目を向けていくためのしかけとしては，まず，**クイズを出し合うなど，お互いがかかわり合って内容の理解を促すことが効果的**です。また，グループ単位での少人数の学習を進めることで，1人当たりに求められる活動量が多くなり，必然的に自分の力で学習を進めていくようになります。

ただし，やみくもにクイズを出し合っていても，内容を理解する力は備わ

第7章　古典の授業がもっとうまくなる4の技

ってはいきません。内容を理解するための読み方を使って，グループ活動を
展開することが必要となります。

2　4つのステップで内容理解をさせる

　グループでかかわり合う中で，内容を理解するための読み方を身につけて
いくために，教材に対して4つのステップでアプローチをかけていきます。

　まず，教材の内容を**「予想」**します。

　題名から内容を予想したり，教材文に添えられている挿絵から内容を予想
したりします。また，教材文の前半を読み，後半を予想することもできます。
予想をすることで，文章に書かれている内容を読むことへの意欲をもたせま
す。

　次に，書かれていることを**「明確化」**します。

　これは，学習指導要領の指導事項でいえば「構造と内容の把握」に当たり
ます。文章の読み取りを進めていくためには，書かれている言葉を正しく読
めることが必要になりますので，この活動を行います。古文でいえば，現代
仮名遣いと旧仮名遣いの違い，古語の意味といった，書かれている言葉を正
確に理解するということです。

　3番目に行うのが，**「クイズ」**です。

　これは，学習指導要領の指導事項でいえば「構造と内容の把握」と「精
査・解釈」の両方に当たります。文章に書かれている言葉の意味がはっきり
したところで，どのような出来事があったのかを把握したり，どんな気持ち
だったのかを解釈したりします。

　クイズは，5W1Hで考えます。「いつ」「どこ」「だれ」「何」「どのよう
に」「なぜ」の6つの観点から問題をつくります。当然，クイズをつくった
ら，答えも考えておかなければなりません。

　4番目に行うのが**「要約」**です。

　これも，学習指導要領の指導事項でいえば「構造と内容の把握」と「精

査・解釈」の両方に当たります。要約を行うことで，文章全体の内容をつかむことができます。

3 2段階の単元展開で確実な成果を上げる

4つのステップは，いきなり生徒にやり方を示して，やってみるように指示を出してもうまくいきません。そこで，2段階の単元展開を組みます。

まず，**教師がモデルを示したり，やり方を示したりして生徒に活動をさせます。**この段階で生徒にやり方をつかませます。

次の段階では，**グループで活動をさせます。**グループでリーダーを決めて，リーダーの指示を聞きながら活動を進めていきます。

「竹取物語」を教材にすると，実際の単元展開は次のような流れになります。

1段階目

❶「くらもちの皇子」の場面の挿絵を見て，何をしているところなのか予想する。その後，本文を読み，言葉の意味調べを行う。（予想・明確化）

❷「くらもちの皇子」の場面で5W1Hクイズを出し解き合う。場面の要約をする。（クイズ・要約）

2段階目

❸「帝」の場面の前に位置づく，天に昇るかぐや姫の挿絵を見て，この後，どんな出来事があるのかを予想する。その後，本文を読み，言葉の意味調べを行う。（予想・明確化）

❹「帝」の場面で5W1Hクイズを出し解き合う。場面の要約をする。（クイズ・要約）

1段階目で，予想をする際には，理由も書くことや，言葉の意味調べは，

本文に添えられている現代語訳を見ればよいことや，５Ｗ１Ｈクイズをつくるための観点について示します。そうすることで，２段階目のグループ単位での活動が円滑に進み，確実に読む力がついていきます。

　２段階目に入ったら，教師は，授業全体の流れを板書し，活動の切り替えの指示を出しますが，それぞれの活動は生徒同士で進めていきます。

　「予想」の際には，リーダーとなった生徒は，同じグループの生徒に，挿絵を見てこの先どんな出来事が起きそうか予想してノートに書くことを指示します。５分程度経って，全員書けたところで，それぞれの予想を発表し合い，お互いが発表したものに対する意見交換をします。

　その後，言葉の意味調べを行います。原文，現代仮名遣いに直したもの，意味の３つについて，それぞれ調べて，お互いに発表し合います。

　なお，「予想」段階で使う挿絵は，これから読む場面そのものを示した絵でも盛り上がりますが，これから読む場面の前の絵を示すと，さらに活動が盛り上がりますし，実際にはどうなのかという気持ちで文章を読んでいく意識の高まりにもつながります。

　「クイズ」を行う授業では，リーダーはグループの生徒に１人３問程度の問題をつくるよう指示します。あまりたくさん問題をつくると，解き合う時間が長くなり，単調な活動が続いてしまいます。問題をつくる際は，できるだけ５Ｗ１Ｈの６つの要素のうち１つだけの要素に偏らないようにさせます。また，クイズは解答もつくらせます。問題をつくったら，順番に問題を出し，解き合います。出題者は問題を解かせた後，解答を言いますが，解答がおかしいと思った場合には，正しい答えをグループ内で再検討します。最後の「要約」は30字など字数制限を設けて行うと活動が締まります。

　たいていの教材は，幾つかに分かれているのでそれを利用すると２段階での展開が可能となります。

※４つのステップで読む方法は，アンネマリー・パリンサーとアン・ブラウンが1980年代に成立させた「Reciprocal Teaching」を参考にしています。

36 穴あき文を埋めさせる

> ### ポイント
> 1 正しく内容を理解しようとする態度を育てる
> 2 ゲーム性をもたせ，授業を活性化させる

1 正しく内容を理解しようとする態度を育てる

ここで述べる穴あき文には，2つのパターンがあります。

1つは，**古文の一部を空欄にするもの**です。

古文の一部を空欄にすることによって，教科書で学習している古文に書かれている事柄を正確に理解しようとする態度を養うことができます。

もう1つは，**古文では省略されている言葉を考えるもの**です。

古文では，一度出てきた登場人物の名前やものの名前が，次の文からは省略されるといったことが多くあります。そのため，この文の主語はだれなのかということを意識して読んでいかないと，内容がわからなくなってしまいます。

そこで，教科書にはない部分を新たに設けて，そこを空欄にします。生徒は文脈を考えて，空欄に入る主語を考えていくようにします。

まず，古文の一部を空欄にし，そこに入る言葉を考えさせます。そのうえで，教科書にはない部分を空欄にしたところに入る言葉を考えさせます。

2 ゲーム性をもたせ，授業を活性化させる

第7章　古典の授業がもっとうまくなる4の技

　この活動を行って，内容理解を促していくためには，生徒同士で問題をつくり，出し合うことが効果的です。

　その前の段階として，教師がモデルの問題を出します。

　教科書の文章を音読した後に，教材文に応じて，次のような文を板書し，まず「　　　」に入る言葉を考えさせます。

　そこがわかったら，（　　　）に入る言葉を考えさせます。（　　　）に入る言葉には助詞をつけ，答えを考えやすくします。

　今は昔，竹取の翁といふものありけり。（　　　　　は）野山にまじりて「　　」を取りつつ，よろづのことに使ひけり。名をば「　　　」となむいひける。

　教科書を見ないで正答できた場合には4点，教科書を見て正答できた場合には2点というようにします。

　また，（　　　）内の言葉がわかった場合には6点というように，**教科書で省略されている言葉がわかった場合の得点は高くします。**

　教師のモデル問題を解くことで，生徒はやり方が理解できます。

　そうしたら，お互いに問題をつくって解き合うようにします。

　問題をつくるためには，内容を正しく読み取る必要があります。また，教科書にない言葉を考える際には，どんな言葉が省略されているのかまで考える必要があります。問題を解く際にも，当然，内容を正しく読み取る，あるいは読み取って頭に入れておく必要があります。

　つまり，この活動を行うことで，**教師主導で内容の読み取りをしていかなくても，生徒が自分で内容を読み取っていくことにつながる**わけです。

　内容の解釈をしていくためには，教師の発問や解説が必要になりますが，内容を把握する段階では，このように，生徒同士で楽しく行う活動を入れ込むと，授業の雰囲気も盛り上がります。

37 視点の転換，文体の模倣で古文を楽しむ

ポイント

1　授業に変化をつけて古典の時間を楽しみにさせる
2　視点を転換して，内容の読み取りをさせる
3　文体を模倣してものの見方を広げ，表現力をつける

1　授業に変化をつけて古典の時間を楽しみにさせる

　現代では使われないような言葉が並ぶ古典の文章はなかなかなじみにくいと感じる生徒は多くいます。

　時代背景を説明して，作品が書かれた時代の雰囲気を生徒に感じさせようと努めることで，作品世界に足を踏み入れていく生徒は多くいますが，それでも歴史の授業が苦手だったり，嫌いだったりする生徒にとって，古典の文章はハードルが高いものです。

　そこで必要になるのが，授業に変化をつける，つまり**いろいろなバリエーションを駆使する**ことです。

　古典の教材によって，パターンを変えた授業を展開することによって，生徒は古典の授業に対して期待感をもって参加することができるようになります。それが当たらなかったとしても，少なくとも，何の変化もつけずに，音読，仮名遣いの変換，現代語訳を繰り返すだけのマンネリ化した授業の連続よりは，古典に対する生徒のハードルはずっと低くなります。

第7章 古典の授業がもっとうまくなる4の技

2 視点を転換して，内容の読み取りをさせる

　一人称視点を三人称視点にしたり，視点人物を変えたりすることで，古典の文章の内容の読み取りができます。

　本文に沿って視点を変えるためには，文章に書かれている内容を正しく読み取る必要があるからです。また，視点を変えた文章をつくるよう指示を出すことで，「内容の読み取りをしなさい」という指示を出す必要がなくなり，生徒は自分の力で内容を読み取っていくようになります。

　視点人物を変えることで，内容の読み取りにつながるものとして松尾芭蕉の「奥の細道」があります。「奥の細道」の文章は，松尾芭蕉の一人称視点で書かれていますが，これを旅に同行していた河合曾良の視点で，書き換えます。書き換えた文章も文語体で書くということは難しいので，口語体で書かせます。

　その際，次の指示を出します。

> 曾良から見た芭蕉の気持ちを書き入れましょう。

　このようにすることで，3つの効果があります。1つ目は，**書き換えた文が主語を変えただけのものにならない**ことです。2つ目は，**芭蕉のものの見方に迫る**ということです。文章に書かれていることを基にして芭蕉の気持ちを想像することで，芭蕉のものの見方を考えていくことができます。そして3つ目は，気持ちを書き入れていくことで，**古典教材に出てくる人物が身近に感じられるようになる**ことです。

　教科書に取り上げられているすべての文章を対象にすると大変なので，例えば，高館に登った場面など，場面を限定的にすることで取り組みやすくなります。また，みんなで同じ場面について書いていると，どの書き換え文が最も適切かといった視点での検討ができ，学習の深まりにつながります。

　他にも，「平家物語」で，三人称視点で書かれている，那須与一が弓を射

る場面を，与一を視点人物にして，与一の気持ちも入れながら一人称視点にして書き換える活動も，与一のものの見方や人間味が感じ取れる活動になります。

3 文体を模倣してものの見方を広げ，表現力をつける

　古典の文章の文体を模倣して文章を書いてみることで，自分のものの見方を再認識し，広げていくことができます。

　例えば，「枕草子」の「春はあけぼの…」の文体を模倣し，それぞれの季節の自分が好きなところをあげていくと，普段意識していなかったそれぞれの季節のよさを認識することができます。また，書いた文章を「枕草子」と比較することで，現代と昔のものの見方の共通性や差異を感じ取ったり，友だちがつくったものと比較することで，人によってそれぞれの季節で好きなものの捉え方が違っていることに気づいたりして，ものの見方が広がっていきます。

　また，古典の文章を模倣することは，**表現の幅を広げることにもつながります**。例えば漢詩です。

　漢詩の読み取りの授業を行った後に，文体の模倣を行います。

　一行に漢字がいくつあり，それが何行あるのかという漢詩をつくるときのきまりについて共通理解してから取り組ませます。漢詩をつくるときの題材としては，部活動や生徒会活動など，生徒の日常生活の中から取り上げます。毎日生活記録をつけている場合は，その中に書かれていることを題材にしてもよいでしょう。また，「春暁」などの教科書教材をモチーフに自分にとっての春の朝をテーマにして書かせる方法もあります。

　教科書では返り点が使われているので，使い方は指導しますが，使うかどうかは個人に任せます。

　漢詩をつくったら，隣の席同士でペアになり，読み合います。まず，漢字だけで書かれているものを読ませてから，実際にどう読むかを示します。

第**8**章
漢字・文法の指導が
もっとうまくなる**3**の技

38 ペアで新出漢字に親しませる

ポイント

1 まず1人で短文をつくらせる
2 ペアで短文シンクロリレーをさせる
3 ペアで短文づくり対決をする

---

1 まず1人で短文をつくらせる

新出漢字を指導する際には，読み方と一応の書き方を教えるだけではなく，生徒が自分で意味を調べたり，日常生活で使っていこうという気持ちになったりするようにしたいものです。そこで，新出漢字を使って短文づくりを行います。

最初の段階では，教師は新出漢字を板書し，読みと教科書に載っている用例だけ示します。それを見て生徒は，新出漢字を使った文を1つつくります。慣れないうちは，時間は2分以内とします。板書した用例は使用してはいけないことにします。板書された漢字と用例からその漢字の意味を推測したり，その漢字を使った熟語が思い浮かばなかったりする場合は，国語辞典や漢字辞典を使って大急ぎで調べさせます。

慣れてきたら，**5分で5文というようにつくる文の数を増やしたり，指導する漢字の数を増やしたり**していきます。

2 ペアで短文シンクロリレーをさせる

第8章　漢字・文法の指導がもっとうまくなる3の技

　基本的に短文づくりは個人で行っていくものですが，時には変化をつけることも生徒の意欲を継続させるためには必要です。そこで行うのが，隣の席の生徒とペアになって行う短文リレーです。

　教師は新出漢字を8～10文字板書します。生徒は，自分が担当する文を決めます。基本的には板書した順に交互に分担するようにします。書けたらそれぞれが担当した文をつなげて読んでいきます。

　慣れてきたら，条件をつけます。それは，**2人の文を合わせると1つのストーリーになるということ**です。相談するのではなく，「きっとこの人はこんな話を考えるのだろうなぁ」というように，隣の席の人の思考に合わせながら考えます。全体がつながれば10点，部分的につながったら5点，というように点数をつけます。

　また，はじめからテーマを与えて，2人でそのテーマに合うようにストーリーをつくらせることもできます。

3　ペアで短文づくり対決をする

　漢字は，その漢字を使った熟語や用例を多く知っているほど，使っていくことへの意欲が高まります。

　そのためには，その漢字を使った短文をできるだけ多くつくってみることが効果的です。1人で行ってもよいのですが，生徒の意欲を高めるために，隣の席の生徒同士で，どちらがたくさん短文をつくれるか競争します。

　教師が新出漢字を板書した後，その漢字を使った短文を3分でできるだけたくさんつくるように指示します。複数の新出漢字を扱った場合には，いずれの漢字もどれか1つの文には入れるように指示します。

　3分経ったら，隣同士で発表し合います。たくさん書けている方の勝ちです。**隣の席の人がつくった文を聞くことで，自分が書いたもの以外の用例を知ることもできます。**

39 授業開始３分前から
漢字テストをする

> ### ポイント
> 1 早めに始めて全員着席させる
> 2 答え合わせは素早く，厳格に行う
> 3 時には隣の席の生徒同士でテストをさせる

1 早めに始めて全員着席させる

授業のはじめ５分間で漢字テストを行う教室は多いと思います。しかし，日直のあいさつが遅れて授業がなかなか始まらなかったり，集中して取り組まなかったりする教室もあると思います。漢字テストを行っているために，かえって授業が間延びしてしまうようでは，生徒も教師も楽しく授業ができません。

すぐに生徒が取りかかるようにするために，漢字テストの制限時間は授業開始から３分と決めて，チャイムが鳴る３分前から漢字テストの問題を板書します。授業開始から３分経ったら必ず打ち切ることを伝えて実施します。**板書している最中にもテストを解いてよいことを伝え，早く着席していた生徒から取りかかることを許可します。**漢字テストはノートに問題と答えを書かせるようにします。そうすると，大方の生徒は授業が始まる前から着席し，問題に取り組んでいきます。

この状態がつくれるようになったら，時には，活動に変化をつけ，問題を板書せず，口頭で伝えることも行います。生徒は，教師が言った問題をよく聞いて解いていきます。静かに話を聞き，しっかりと聞き取る力がついてい

第8章　漢字・文法の指導がもっとうまくなる3の技

きます。

2　答え合わせは素早く, 厳格に行う

　生徒がノートに書いた答えは教師が採点します。漢字テストを終えた生徒から教師のところに持って来させて採点します。採点は素早く, そして, 厳格に行います。早く採点が終わった生徒には, **その日に行った漢字の練習をするように指示して, 教室が騒がしくならないようにします。**

　取組のはじめに, 漢字テストが早く終わるほど, 授業の中での活動時間が確保でき, 学力の高まりにつながるという趣旨を示します。

　また, 採点を厳格にすると共に, ノートは学期末に回収し, 漢字テストの結果を評定に反映することを伝えます。こうくさびを打つことで, 生徒は, 授業開始のチャイムよりも早く始まる漢字テストに真剣に取り組むようになります。

3　時には隣の席の生徒同士でテストをさせる

　いつも教師が問題を出すのではなく, 時には生徒同士で問題を出し合うことも学習意欲を喚起するためには効果的です。3分前には大勢の生徒が漢字テストを行う体制が整ってきたら行います。**隣同士で問題を出し合い, どちらが得点を多く取れるかを競います。**

　この場合も授業開始3分前から始めます。教師は, おもむろにやり方の説明を板書します。

　察しのいい生徒から取りかかっていきます。授業開始の時刻が3分経ったらノートを交換し答え合わせをさせます。隣の生徒の採点に疑問がある場合は教師のところに来るようにして, 採点ミスについては採点者の点数を減点するようにします。そうすると, しっかりと採点することにつながります。

40 小説の読解とリンクして
文法指導をする

> **ポイント**
> 1 文法の授業で学んだことは「使える」と思わせる
> 2 小説の読解と文法の学習をリンクさせる

1 文法の授業で学んだことは「使える」と思わせる

　教科書では，文法に多くのページを割いていませんが，実際には，文法については，定期テストの前などに数時間使って，取り立て指導することが多いと思います。

　けれども文法の学習は，時間をかけても内容がわかりにくく，テストのときにしか使わず，しかも高校入試では配点が低いという，多くの生徒にとって学習意欲のわきにくい分野です。

　しかし，文法で学んだ知識は，実は，例えば，副詞を呼応させる等，文章を書くときにも役立ちますし，文章を読み取っていくときにも大変役立ちます。

　例えば，副詞の働きについて学習することで，「彼は，じっと私を見つめていた」という文の，状態を表す副詞「じっと」に着目し，副詞を取り除いた「私を見つめていた」と比較し，どんな状態であったかを考えることで，凝視するという意味の『見つめる』よりも，さらに長い時間，私をしっかりと見ていたということが読み取れるようになります。

　「大きな」と「きれいな」の品詞の違いがわかることはもちろん大切ですが，**品詞の分類等が学習のゴールではなく，学んだことが，読んだり，書い**

第8章　漢字・文法の指導がもっとうまくなる3の技

たりするときに使えるということを**実感させたい**ものです。そのためには，小説の読解と文法の学習のリンクが効果的です。

2 小説の読解と文法の学習をリンクさせる

　小説の読解と文法の学習をリンクさせていくには2つのタイミングがあります。

　1つ目は，**文法の時間に，小説・論説文を使う**ことです。例えば，1年生で，連文節についての学習をしたときに，連文節には，並立・補助の関係があることを学びます。補助の関係は，主な意味を表す文節に意味を補うものです。そこで，実際に小説ではどのように使われているかを，すでに学習している「少年の日の思い出」を読み，見つけさせます。

　すると，「少年の日の思い出」の最後の一文の述語に連文節が使われていることを発見することができます。「押しつぶす」に「しまった」がついています。

　そこで，次のように生徒に問います。

> 　「押しつぶす」と「押しつぶしてしまった」では，どのように意味が変わるでしょう？　辞書を使って調べましょう。

　すると「しまう」には「完全に終わらせる」という意味があることがわかり，「押しつぶす」に比べて，「押しつぶしてしまった」の方は，すべてのちょうの標本を完全につぶしたということが強調されていることがわかります。

　さらに，なぜ押しつぶしたことを強調しているのかを問うことで，少年がちょうの収集と決別したい思いの強さを表すためとか，自己嫌悪の強さを表すためといった解釈を引き出すことにつながります。

　すでに学習している教材を，文法で学んだ知識を基に改めて読み直してみることで，文法の学習の有効性を実感させます。

119

文法の副教材についている問題を解くことも，文法の知識を身につけていくためには効果的ですが，実際の文章で使ってみることにより，文法の学習の効果を一層感じることができます。

　２つ目は，**小説の読解の時間に文法を使う**ことです。

　２年生を例にとって説明します。２年生では，助詞，助動詞について学びます。助詞や助動詞は１文字，２文字程度の短いものですが，意味や働きをもっているということを学んでいます。

　その知識を使い，小説の読解を進めていきます。

　例えば「走れメロス」。

　メロスが，ディオニスに，妹の結婚式を挙げるために処刑まで３日間の猶予をもらえるよう懇願する場面があります。メロスは「三日間だけ」ゆるしてもらえるように望みます。この「だけ」に着目します。「だけ」の働きは「限定」することです。

　３日間に限定して処刑を待ってもらえるよう望んでいるわけです。そのことがわかったら，次は，なぜ３日間限定で待ってもらうよう王に望んだのかについて考えます。すると生徒からは，「３日間に限定しても必ず帰って来るという自信をメロスはもっているから」とか「どうしても王の許可がほしいから」といった解釈がなされます。

　このように，小説の読解を進めていく際に，助詞，助動詞の意味や働きに着目することで，解釈を深めていくことができます。

　授業では，小説の一場面を取り上げ，その場面の中から助詞や助動詞を取り出させます。取り出させたら，その助詞や助動詞の意味や働きを調べて，小説の該当箇所に当てはめさせます。そのうえで，なぜ，そのような言い回しがされているかを考えさせていきます。

　例として，助詞や助動詞について取り上げましたが，副詞や連体詞，形容詞・形容動詞の連用形・連体形についても同様の流れの取り組みをすることで，小説の解釈に文法的知識を生かすことにつながります。

第 **9** 章
板書・ノート指導が
もっと
うまくなる**4**の技

41 ゴールとルートが
はっきりした板書にする

ポイント
1 この授業の到達点を板書する
2 到達するための考え方を板書する

1 この授業の到達点を板書する

　生徒が学習内容を獲得することができると共に，学習方法を身につけるための授業には，ゴールとルートが必要になります。

　そこで，まずしっかりと板書すべきは**本時のゴールである「学習課題」**です。近頃は，学習課題を口頭で述べるだけで板書しない，という授業は少なくなりましたが，やはり学習課題を板書することは必要です。なぜなら，生徒の意識は授業中そこに立ち戻ることがあるからです。この授業では何を目指すのか，能力の高い生徒は，発問に対していろいろな角度から思考することができるために，学習課題を意識することで，どの思考をしていけばよいか焦点化します。また，国語が苦手な生徒にとっては，学習課題に示されていることを目指すことを意識すれば，授業に対して集中できます。

　学習課題は，授業の導入で端的に板書することが必要です。そして，「話し合おう」といった活動ではなく，「『盆土産』に登場する父親はどんな人物なのか知ろう」といったように，**到達点を示すもの**にします。

2 到達するための考え方を板書する

第9章　板書・ノート指導がもっとうまくなる4の技

　学習課題を板書する授業は多いのですが，課題達成のための考え方が板書されている授業はあまり見かけません。学習課題を板書した横には，学習内容が連なっている場合がほとんどです。しかし，これだと，わかったことは見えても，生徒がどのような考え方で課題を解決していったのかが見えません。課題解決のために働かせた考え方が自覚化，共有化されていないので，自力解決の力がつきません。ことに文学的文章の読み取りの場合には，教師は生徒を教師の求める読みに連れて行こうとする傾向が強く，どう読み取ればそういった解釈につながるのかといったことに無頓着な傾向が強いといえます。

　学習課題を板書したら，その隣に，課題を解決するための考え方を板書し，生徒がどう考えて追究していけばよいのかを明確にしましょう。そして，時には，述べ方のフォーマットを示したり，個人追究の前に一度その考え方を使ってみたりして，生徒が見通しとしてもった考え方を積極的に使っていけるようにしましょう。

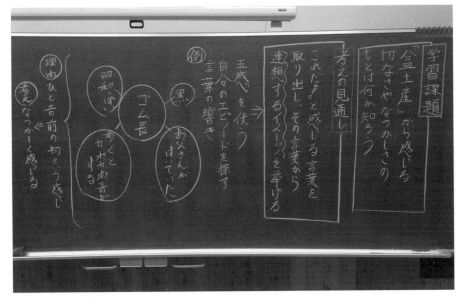

42 ホワイトボードで意見を見合う

ポイント

1 グループで話し合ったうえでホワイトボードに書かせる
2 ホワイトボードには端的に書かせる
3 ホワイトボードの意見を分類・統合させる

1 グループで話し合ったうえでホワイトボードに書かせる

一人ひとりが追究したことを班ごとにホワイトボードにまとめ，黒板に貼り，意見交換することで，学習を広げたり，深めたりしていくことができます。このことを意図した授業を行うときに，注意するべきことが2つあります。

1つは，**まず個人の考えをもたせる**ことです。話し合いを中心とする授業によっては，学習課題を設定した後，いきなりグループでの話し合いになるものがあります。すぐに自分の考えがもてる生徒もいれば，自分の考えがもてるまでにじっくりと考えて時間がかかる生徒もいます。従って，ある程度の時間をとり，個人追究をして各自が考えをもった段階で，グループでの話し合いに入ります。

もう1つは，**お互いの考えを合わせて結論を出す**ということです。国語が得意な生徒の意見にもたれかかるのではなく，全員の意見を述べ，検討し合ったうえでグループとしての考えをもたせます。

2　ホワイトボードには端的に書かせる

　黒板に貼られたホワイトボードは，それを全員が読めることが必要です。それを読み，自分の考えと比較したりするからです。従って，**意見は，基本的に結論のみ書かせます**。根拠や理由は，必要に応じ併記させ，それぞれの班が意見発表するときに述べさせます。

3　ホワイトボードの意見を分類・統合させる

　ホワイトボードの一番のよさは，「動かせる」ということです。お互いの意見発表が終わったら，**類似した意見同士で仲間分けしていきます**。そして，集めた仲間同士に見出しをつけます。

　そのようにして，仲間分けして意見を統合していくことで，考える対象が絞られるので，賛成・反対等の意見交換を行いやすくなり，学習に深まりが生まれます。ただし，すべての意見がきれいに分類できるわけではありません。例外は残しつつ，分類・統合を行います。

　対立しているものは見やすくして示し，意見交換をしやすくします。

43 3つのポイントを大切にして
ノートチェックをする

> **ポイント**
> 1 途中のノートチェックで，やる気をアップさせる
> 2 途中のノートチェックで，学習状況を把握する
> 3 終末のノートチェックで，授業の評価をする

1 途中のノートチェックで，やる気をアップさせる

　授業では，導入で設定した学習課題の達成に向け，まず個人追究を行います。個人追究でノートに書いた自分の考えは，教師のところにもって来て見せるようにさせます。

　この活動には大きく2つのねらいがあります。1つ目は，**生徒のやる気を高めるため**です。自分の考えを記述したノートを読み，教師は「なるほど！」「すごい！」などと肯定的な声かけをしながら○をつけていきます。ほめられた生徒は，自分の考えに自信をもち，発表したい，とか，他の人の考えも聞いてみたいなど積極的に授業に参加する気持ちをもちます。また，ノートチェックを受ける人がほめられているのを聞くと，安心してノートチェックを受ける気持ちをもつことができます。

2 途中のノートチェックで，学習状況を把握する

　途中のノートチェックの2つ目のねらいは，**生徒の学習状況の把握**です。学級全体として，学習課題に対しての考えをどの程度のレベルまでもててい

第9章　板書・ノート指導がもっとうまくなる4の技

るのか，生徒の考えの分布はどのようになっているのかということを把握します。

　状況を把握することで，例えば，学習課題に対しての考えのレベルがやや低いので，全体追究では，生徒に考えを出させた後，特定の叙述に焦点を絞らせて全体で少し考え合う時間をとろうといった活動を構想することができます。

　また，生徒の考えの分布を把握することで，まず，Ａ生に指名し，意見を出させた後，類似した意見を発表させ，その後考え方の異なるＢ生に意見を発表させ，2つの意見を基にして，追究を深めていこう，といった活動を構想することができます。

　つまり，状況を把握することによって，生徒の実態に即した授業の展開ができるのです。

　ノートチェックの効果は，他にも，多くのクラスを受け持っている場合，なかなか把握できない一人ひとりの考えを把握することができたり，ノートに書く文字の丁寧さに対する指導のきっかけをつかむことができたりします。

　新任地ではじめてもつ3年生のクラスでこれを行うことは難しいかもしれません。1年生のクラスから行っていくようにしましょう。

3　終末のノートチェックで，授業の評価をする

　毎回の授業で行う必要はありませんし，実際困難なので，「この授業については最後生徒がどんなことを学んだのか知りたい」とか，「単元の終わりにまとめて見て，評定に生かす」といったような形でよいので，終末のノートチェックを行います。中学校では，定期テストでの得点が評定に直結することが多いのですが，日常の授業で学んだことの延長が定期テストなので，その結果を第一に考えることは当然です。けれども，**それまでの過程としてどのようなことがわかり，できるようになっているのかということも把握し，評定に反映させることが，公平な評価**といえるでしょう。

44 ワークシートに頼らず
ノートを使わせる

> **ポイント**
> 1 ワークシートで授業は硬直化し，教室は散らかる
> 2 ワークシートで教師がダメになる
> 3 ノートの使用で授業は生徒のものになる

1 ワークシートで授業は硬直化し，教室は散らかる

　国語の教科書の指導書にはワークシートが付録としてついてきます。ワークシートには，教科書会社で考えたその教材の扱い方に沿った内容が盛り込まれています。授業が始まる10分前に印刷すれば，もうその授業の準備はばっちりです。

　「このワークシートの設問に沿って，表の項目に沿って個人で考えたことを記入させ，グループでまとめて，全体追究すれば50分経つだろう」「ワークシートに書かれた設問は具体的で，難度も高すぎることはない，生徒も活発に活動していくだろう」と思って教師は授業を開始します。

　けれども，その意に反し，ワークシートに向き合う生徒の表情に楽しさは見られず，なかなかワークシートの項目が埋まらない，そして，授業終了後の教師の点検を経て，ノートに貼っておくように指示したにもかかわらず，次の時間に行くと，使用済みのワークシートが床に散らかっている，といった経験は多くの教師がもっていると思います。

　それはなぜかといえば，ワークシートが生徒にとってつまらないからです。

第9章　板書・ノート指導がもっとうまくなる4の技

ワークシートには，1時間の授業のスタートからゴールまでの活動が詰まっています。その通りに進めていくことを前提としています。けれども実際の授業で生徒に考えさせていくことは，ワークシートに書かれた設問の通りに進むとは限らないでしょう。また，ワークシートに書かれた設問の言葉が授業を行っているクラスの生徒の実態に沿っているとは限らないでしょう。

ワークシートに書かれている項目の通りの活動を押しつけることによる息苦しさを，生徒は感じてしまうのです。

2　ワークシートで教師がダメになる

ワークシートを使えば，教材研究もほとんど必要ありません。とても手軽に授業の準備ができます。

けれども，そんなことを繰り返していると，教師の力はどんどん落ちていくでしょう。

授業をするには，「この単元では，こんな力をつけることを目標にしたい。だから，単元展開はこうしよう。そして，1時間の授業では，こんな学習課題にして，こんな力をつけよう」といったように，**単元全体の計画を自分で立てることがまず必要**です。

そして，**生徒の力や雰囲気は同じ学年でも学級ごとに異なるので，その学級に応じた計画にアレンジすることが必要**です。

また，時には予定していた内容が1時間では収まらず，単元計画の修正が必要になる場合もあるでしょう。

このようなことを積み重ねていく教師は，どんどん指導力をつけていくことでしょう。一方で，漢字テストをやって，ワークシートをやって，発表し合っておしまい，といった授業を繰り返す教師は力がつかず，結果，授業がおもしろくなく，生徒もそのうち騒ぎ出すということになります。

授業は，支度八分です。がんばって準備をすれば，その授業からは必ず得るものがあります。一方，手を抜いた準備では，その授業から得るものは少

なく，授業の楽しさや教師に対する信頼等失うものが大きいのです。

　ワークシートばかり使っている教室の生徒は，口には出さずとも思っているはずです。「この先生，自分で授業をつくれないの？」と。

3　ノートの使用で授業は生徒のものになる

　そこで，授業で使いたいのは，やはりノートです。ワークシートと違い，散乱する危険性がありません。

　ワークシートは，貼り付けていくとノートがものすごく分厚くなり，とても書きにくくなります。まじめな生徒のノートほどワークシートがたくさん貼られており，とても書きにくい状態になっています。

　ノート単独だと，そんな心配もありません。

　ワークシートには，学習課題や課題解決のための見通しなどを書くスペースはありませんが，ノートだと書くことができます。学級の実態に合わせて，課題で示す言葉の設定をすることができます。課題や学級の実態に応じて，ノートにマッピングさせるか，文章を書かせるか，表を書かせるかということを柔軟に変えていくことができます。そして，毎時間きちんとノートづくりをさせることで，単元の中で学んできたことを生徒が確認することができ，説明文や小説の読み方について，前の単元を振り返ることもできます。

　ただし，ワークシートに書かれていることがよくないというのではありません。ワークシートに書かれている設問は，学習すべき内容が端的に盛り込まれているものです。また，設問の流れは，学習すべき内容を得るために考えられたものです。それらは，教科書を作成する専門家が考え抜いてつくったものです。

　従って，授業を組み立てていく際，自分で考えた学習課題の言葉がしっくりこなかったり，どのように展開していったらよいか迷ったりするときには，ワークシートを読み，参考にするとよいでしょう。**肝心なのは，授業を生徒の実態に応じたものにするよう心がける**ことです。

第10章
発言のさせ方，
発問・指示が
もっと
うまくなる3の技

45 4つのポイントで
発問・指示をする

ポイント

1 端的に話し，生徒の意識を焦点化させる
2 発問・指示したことは，ずらさない
3 ナンバリングで整理する
4 説明は1回限りにする

1 端的に話し，生徒の意識を焦点化させる

　発問や活動の指示をするときに，ついやってしまいがちなことは，説明しすぎることです。

　こちらの方を向いている生徒の表情を見ていると，どんな活動をするのかわかっているのか，それともわかっていないのか，よくわかりません。すると，何をするのかしっかりわかってもらうために，何回も同じようなことを繰り返し説明するようになってしまいます。

　聞いている生徒にとってみれば，「早く始めたいのに，先生，いつまでしゃべっているんだろう…」という思いになります。活動を開始するころには，うんざりしてしまいます。

　肝心なことは，できるだけ活動時間を確保するという発想に立つことです。そうすることにより，発問・指示は短く端的に行うという意識になります。端的に行うためには，**「要するに何をさせたいのか」**ということを生徒に話すという意識で発問・指示を行うことです。

　生徒は，こちらが思っているよりも，教師の言葉を理解しているものです。

第10章　発言のさせ方，発問・指示がもっとうまくなる3の技

　発問・指示をするときは，早口にならずに1分以内で話し終えることを目標にすると，活動にテンポが生まれます。

　ここでの発問・指示の理解がよくできずに活動に停滞を起こしている場合には，その生徒やグループに教師が個別指導すればよいのです。

2　発問・指示したことは，ずらさない

　生徒に対して行った発問・指示はずらさないことが，集中して学習に取り組ませるためには必要です。

　発問をしたときに，だれもまったく手をあげない，活動の指示をしたときにだれの鉛筆も動かない，このような状況に直面すると焦ります。自分の発問・指示の内容が理解できていなかったのではないか，高度なことを要求しているのではないか，生徒が「やってみたい！」と思うような発問・指示をしていなかったのではないかなど，様々な思いが頭をよぎります。

　そして，最初の発問・指示とずれた内容で発問・指示を修正していきます。

　けれども，実は，最初の発問・指示が出されたとき，生徒は教師から投げかけられた発問や指示に対して一生懸命に向き合っています。

　時には，自分の考えを導き出すまでに時間がかかる場合もあります。確かに，発問・指示が高度であったり，漠然としていて理解しにくかったりするという受け止めをしている生徒もいますが，全体としては，投げかけられた発問・指示への取り組みを進めています。

　ところが，取りかかり始めたところで，最初の発問・指示とずれた内容の発問や指示が出されたら，生徒の思考は混乱するでしょう。ノートに自分の考えを書き始めていた生徒や，あらかた自分の考えを書いた生徒にとっては，大きな不満につながるでしょう。心の中では，「だったら，はじめから後から言ったことを聞いてくれればよかったのに」と思っています。

　このようなことが重なるにつれて，教師の言葉に対する信頼感は薄くなっていきます。

発問・指示の後の沈黙は，静かだけれども，生徒の頭はフル回転している状態です。焦らずに待つことが必要です。

そして，どうしても鉛筆が動かない生徒には個別指導します。さらに，全体の学習状況を見て，３分経っても鉛筆がほとんど動かないという場合になったら，いったん活動を止めさせて，改めて，何を発問・指示したいのかを噛み砕いて話したり，期待する答えを例示したりしてから活動を再開させます。

3 ナンバリングで整理する

生徒が活動することは，１つの発問・指示で１つであることが望ましいのですが，そのようにいかないときも現実には多々あります。

例えば，意見文の推敲をするときに，常体・敬体が混在していないかの点検，漢字の使用が適切になされているかの点検，言葉の係り受けに不自然なところがないかの点検という３つのチェックをさせたいとします。

これを生徒に指示するのに最もよくないのは，「常体・敬体が混在していないかの点検と，漢字の使用が適切になされているかの点検と，言葉の係り受けに不自然なところがないかの点検をしなさい」といったものです。**チェック項目を羅列しているだけなので，生徒は聞いているうちに何をするのだかわからなくなります。**

そこで使うのがナンバリングです。次のように指示をします。

皆さんは順に３つのことをします。<u>１つ目</u>は常体・敬体が混在してないかの点検です。<u>２つ目</u>は漢字の使用が適切になされているかの点検です。<u>３つ目</u>は言葉の係り受けに不自然なところがないかの点検です。

このように指示することで，生徒はまず，いくつのことを行うのかが把握できます。次に，１つ目は，２つ目は…のようにナンバリングして，活動内

容が示されることで，何を行うのかが頭の中に入っていきます。しっかりと聞いていれば，スムーズな活動につながります。

4 説明は1回限りにする

これまで述べてきたポイントが正しく機能するためには，1つ大切な条件があります。

それは，**「人の話を聞くクラス」になっている**ということです。

教師が話しているのに，級友が発言しているのに，私語が飛び交う状態では，これらのポイントはまったく機能しません。

では，「人の話を聞くクラス」にするにはどうすればよいでしょうか。

大きくは2つのポイントがあります。

1つ目は，**人を大切にするクラスをつくる**ということです。人が話しているのに私語をしていて聞いていないというのは，他者を認めていないのと同じです。他者を認めていくには，自分を大切に思う気持ちを育てていくことが必要であり，他者も同じように自分を大切に思っている，だから大切にしようという気持ちを育てていくことが必要です。けれども，このような人権感覚を高めていくには時間がかかります。

そこで2つ目のポイントです。それは，**教師の説明は1回限りにする**ということです。4月の授業開きのときに，「先生は1回しか説明しません。聞き取る力をつけることも大切な国語の勉強だからです」というように，その意味合いを生徒に説明してから行います。そして，実際の授業でも，その姿勢は貫きます。私語をしていて，教師の話を聞いていなかった生徒は何回か困る経験をするうちに，話を聞くようになります。私語があり，教師の話を聞き取れなかった生徒は，私語をする生徒に，静かにしてほしいと言うようになります。

生徒は「この先生は，1回しか説明しない。だから集中して聞き取らないといけない」と思えば，ちゃんと聞きます。

46 挙手を待たずに指名する
習慣をつける

> **ポイント**
> 1 挙手なし指名で，授業にテンポをつくる
> 2 できるところを指名する

1 挙手なし指名で，授業にテンポをつくる

　このような状況はないでしょうか。

　個人追究で，ノートに自分の考えを書かせます。生徒はノートに自分の考えを書きました。そこで，教師は次のように指示をします。

　「ノートに自分の考えが書けた人，手をあげましょう」

　この指示に対して手をあげる生徒は2，3人。そこで教師は重ねて「ノートに考えが書けた人，もっといるんじゃないかな。自信をもって手をあげましょう」と指示し，それに応えてくれる生徒がそろそろと手をあげる，といった状況です。

　あるいは，教科書の「○ページを開きましょう。読んでくれる人はいますか？」という問いかけに対して，手をあげてくれる生徒がやはり2，3人といった状況です。

　このようなことが頻繁にあると，授業のテンポは重くなり，発言するのは国語が好きな生徒，孤立しそうな教師を助けてくれる優しい生徒に限られてしまいます。そして授業に参加する気持ちのない生徒がどんどん増えます。

　何か生徒に発言させたり，音読させたりするたびに挙手，指名することは必要ありません。

第10章 発言のさせ方, 発問・指示がもっとうまくなる3の技

　どんどん挙手なしに発表させることで，授業にテンポが生まれていきます。
また，**生徒にはある程度の緊張感を与えることができ，集中して授業に参加
する空気が生まれます。**

2　できるところを指名する

　とはいえ，指名したときに「わかりません」とか「できません」といった
反応が連発すると，この方法は使いにくくなります。また，指名された生徒
が答えられずに悩むような発問をすると，指名された生徒も気の毒ですし，
授業のテンポは軽快になるどころか，一層重苦しいものになってしまいます。
　そこで，**指名された生徒が確実に「できる」ことについて発問・指示**をし
ます。例えば，音読です。

> 　「走れメロス」の○ページ，この列の人，先頭から一文交代読みをし
> てください。

　この指示なら，教科書があればだれもが確実に行うことができます。
　また，個人追究で自分の考えが確実にもてている状況でも行うことができ
ます。ノートに書いてあることを確認したうえで，

> 　「旦那様」と言われたとき，「私」はどんな気持ちだったでしょう。ノ
> ートに書いたことを，この列の先頭から順に言いましょう。

　この指示ならば，だれもが発表をしていきます。
　このように，生徒ができることについては挙手なし指名をしていくことに
よって，「この先生の授業では，いつ指名されるかわからない。だから寝て
いられない」という意識が生徒の頭にインプットされます。そして，授業に
テンポが生まれ，心地よい空気が流れるようになります。

47 フォーマットに合わせて発言させる

ポイント

1 どのように言えばよいのかを知らせ，安心させる
2 フォーマットに合わせることで，思考力をつける
3 フォーマットに合わせることで，発言を理解しやすくなる

1 どのように言えばよいのかを知らせ，安心させる

　自分の考えはあっても，それを表現できないというのは，学習を深めていくうえでもったいないことです。

　表現できないのには，大きく2つの理由があります。

　1つ目は，**自分の考えに自信がないから**です。

　「自分が考えたことは，不正解ではないか」「不正解であったときに，まわりからからかわれてしまうのではないか」という不安です。このような不安は，「授業というのは，大勢の人の考えを合わせていくことで深まっていく」ということを共通理解させたり，友だちの発言に対して，受容的な雰囲気をつくっていったりすることで，解消していけます。

　2つ目は，**自分の考えを表す方法がわからないから**です。

　これは，特に小説などの文学的文章を解釈するときに起こりがちです。

　登場人物の変化や人物の言動の意味等について，どのように自分の意見を形づくったらよいのかがわからないので，何となく自分の考えがあってもそれを表現できないということになってしまうのです。このような生徒に対してはどのように言えばよいかを指導することで，安心して自分の考えを述べ

第10章　発言のさせ方，発問・指示がもっとうまくなる3の技

ることにつながるのです。

　どのように言えばよいかを指導するタイミングは，導入場面で，課題解決への見通しをもたせるところです。

　例えば，「故郷」の読み取りを行う授業で，「中心人物の『私』を評価する」という学習課題を設定し，「『私』の言動や，他者に対する思いに着目し，自分の価値観に照らし合わせる」という課題解決への見通しを設定したとします。これだけの指示で，自分の考えをノートに書ける生徒もいますが，ぴんとこない生徒も多くいます。

　そこで，「『……』というところから，『私』を〜な人物だと評価する。理由は，自分なら(でも)○○だが，ーだからだ」のように，どのように自分の考えをつくるのかのフォーマットを板書して示します。

　慣れてくるとこの段階で自分の考えをつくれるようになってきますが，慣れないうちは，考えたものの例を教師が示します。少し慣れてくると，「このフォーマットに当てはめて言える人いますか？」と聞くと，反応の速い生徒が挙手して，例を示してくれるようになります。

2　フォーマットに合わせることで，思考力をつける

　フォーマットに合わせて自分の考えをつくるというのは，自分の考えを表現しやすくするためだけではありません。

　他にも2つのねらいがあります。

　ねらいの1つ目は，**思考力をつける**ということです。

　上で例示した「『……』というところから，『私』を〜な人物だと評価する。理由は，自分なら（でも）○○だが（なので），ーだからだ」というフォーマットは，以下の2つの点から思考力を高めることにつながります。

　その1つは，**「論証」の力**です。つまり，「根拠」から「理由づけ」をして「主張」を述べるということです。

　「根拠」「理由づけ」「主張」の3つは，論理的に自分の考えをつくるため

の基本的な要素です。

それをこのフォーマットで意識づけるわけです。

もう１つは，**「理由づけ」の方法**です。

例示したものは，自分の価値観に照らし合わせるという理由づけの仕方をとっています。つまり，自分の価値観と「私」の言動等を「比較」するという思考です。

フォーマットに当てはめて自分の考えをつくっていくことで，自分の考えがつくれるのと共に，思考力もつけることができます。生徒に使わせるフォーマットを考える際に，そこでつける思考力も入れ込んで，フォーマットをつくっていきましょう。

3 フォーマットに合わせることで，発言を理解しやすくなる

フォーマットに合わせて自分の考えをつくることのねらいの２つ目は，**お互いの考えを理解しやすくする**ということです。

生徒の発言を聞いていると，長く話しているのだけれども，何が言いたいのかわからないものが数多くあります。その発言に対して述べる意見も，論点がかみ合わず，話し合いが深まっていかないといったことがしばしば起こります。中学生の発言は，語彙は豊富になってきていても，自分の中で満足する展開になっているだけで，発言の意味が他の人には伝わらないということが起こりがちです。

その点，あらかじめ，フォーマットがそろっていれば，お互いの述べ方への注意を払う必要がなく，内容を集中して聞き，自分の考えと比較することが容易になります。

そうすることで，互いの意見の共通点や相違点を明確に意識することができます。結果として，意見発表し合った後の意見交換で，学習を深めていくことができるのです。

第11章
学習する空気の
つくり方が
もっと
うまくなる3の技

48 生徒をやる気にする 3つの原則を意識する

ポイント

1 教室の雰囲気を見抜く
2 複数のプランを用意する
3 第一声から授業に入る

1 教室の雰囲気を見抜く

　生徒が授業にやる気をもって参加できるかどうかは，授業の導入場面で大方決まります。

　それは何も，導入場面で，生徒がびっくりするようなことをしたり，思わず身を乗り出すようなものを見せたりするということではありません。そんなことを毎時間できるはずはありません。例えば，理科ならば，生徒が驚くような実験を導入で見せて，生徒の関心を高めて，授業に入っていくという技が使えるかもしれませんが，国語には，そんなにびっくりするようなものはありません。

　生徒は，この時間は国語の授業を行うということは，前もって知っています。授業に臨む一応の心構えはもっていますし，最初にわくわくするようなことは期待していません。

　けれども，授業に向かうやる気の程度は人によって様々です。だから，導入の場面で，生徒の意識を少し前向きな状態でそろえていくことで，その授業全体を生徒のやる気で進んでいくものにすることができます。

　そのためにまず行うことは，教室の雰囲気を見抜くことです。

第11章　学習する空気のつくり方がもっとうまくなる3の技

　授業は，生徒の実態と教師の意識とがかけ離れていては，うまくいくはずがありません。

　前の授業で，担任から厳しく指導を受け，教室の雰囲気が重苦しくなっている場合もあります。

　休み時間に，生徒同士で口論やけんかがあり，教室の雰囲気がピリピリしている場合もあります。

　クラスマッチで優勝し，クラス全員がご機嫌で，教室の雰囲気が明るく，華やいだ雰囲気になっている場合もあります。

　生徒一人ひとりが醸し出す教室の雰囲気を見抜くことで，生徒の実態をつかむことができます。そうすることで，今の生徒の実態に合った授業をすることにつながります。

　教室の雰囲気を見抜くためのポイントは，大きく2つあります。

　1つ目は**生徒の表情**です。

　部活動の時間はきらきらとした表情を浮かべているのに，授業になるとむすっとした顔をしている生徒が多いものですが，それでも，元気な状態なのか，それとも，あまり機嫌がよくないのかは，表情を観察すると何となくわかります。また，大方のクラスには，ムードメーカーになる存在の生徒がいます。その生徒の表情を読み取ることで，現在のこのクラスの雰囲気はどうなのかを察することができます。

　2つ目は**整理・整頓の状態**です。

　こちらは，表情に比べてわかりやすいでしょう。床にプリント類が散らかっていたり，座席の並び方が崩れていたりする場合には，教室の雰囲気がよいとは言えません。反対に，床に落ちているものがなく，縦・横がきちんとそろって座席が並んでいる場合には，教室の雰囲気は心地よい緊張感に包まれているでしょう。

　これら以外にも，服装，靴の履き方，姿勢など観察するポイントはありますが，生徒の実態を把握し，そこに合わせていく意識を大切にしましょう。

2 複数のプランを用意する

　教室の雰囲気を察することができたら，その雰囲気に合わせた授業の展開をします。

　それには2つのポイントがあります。

　1つ目は**活動の形態**です。

　例えば，クラスマッチで惨敗したような後，学級内の生徒同士の雰囲気があまりよくない場合には，ペアやグループでの学習を行っても，なかなかうまくいきません。

　このような場合には，自分の考えがもてた段階で，一斉授業にして，順に意見を言わせていき，その後，自分の考えをもう一度つくる，といった形にして，少人数での意見交換を行わないといった展開をします。

　反対に，もうすぐ修学旅行などといった楽しいことがあり，全体の雰囲気がよく，生徒同士の関係もよいときには，積極的にペアやグループでの意見交換を取り入れていきます。

　以上のように，教室の雰囲気に応じて，活動の形態を変えていくことで，生徒がやる気をもって授業に参加することができます。

　2つ目は，**課題の難度**です。

　文化祭明けで気が抜けているといったような雰囲気では，生徒に考えさせたいと思っていた課題のレベルを下げ，スモールステップの展開をとっていきます。反対に，学期のはじめで，やる気に満ちている状態のときには，課題のレベルを少し上げて，挑戦させていきます。

　教室の雰囲気によって，課題の難度を変化させていくことで，生徒の実態に合った展開になります。

　このようなことが可能になるためには，幾つかの授業プランをもって授業に臨むことが必要になります。

　そのためにまず決めておくことは，その1時間のゴールです。

　ここが決まっていないと，生徒の様子によって漂流する授業になってしま

います。

　今日は「少年の日」の終末場面での「ぼく」の心情を把握させるなど，ゴールをはっきりと設定します。

　そのうえで，先ほど述べた2つのポイントで授業の展開を考えておきます。

　仲間同士の雰囲気がよかったら，ここでペア活動を入れ，次にグループ活動を入れる，そうでなかったら，1人で考えさせる時間をじっくりととるといったことを決めておきます。

　また，課題については，ついてこられなさそうであれば，その課題を解決する前の課題を考えておきます。例えば，人物の心情を解釈するのであれば，心情の解釈を課題としてあげるのではなく，心情が解釈できそうな叙述を取り出させるといったことです。十分ついてこられそうであれば，程度を上げます。例えば，自分の意見をつくるのに，フォーマットを使おうと思っていたが，なくてもよさそうなので，フォーマットは示さないといったものです。

3　第一声から授業に入る

　生徒の様子を把握したら，授業を始めます。

　このときに，「今日は，教室の雰囲気が少し重苦しいな」と感じたとしても，第一声から授業に入ります。雰囲気が重苦しいから昨夜のＴＶ番組の話を少しして，教室をリラックスさせるといった配慮は余計です。確かに，先生が楽しい話題を出してくれて癒されたと感じる生徒もいますが，つまらない話をしていないで，さっさと授業を始めてほしいと思う生徒も少なからずいます。ホームルームの時間ではありません。国語の1時間の授業として振る舞いたいものです。ただし，教室の雰囲気が重たいときには，○○の心情が表れている描写に傍線を引かせるなどの**「作業指示」**，教室の雰囲気が軽やかなときには，○○の心情についての解釈を考えさせるなどの**「思考指示」**をするようにして，できそうなことから授業を始めます。

49 生徒のやる気を削ぐ
2つのタブーに気をつける

> **ポイント**
> 1　次から次へと課題を出さない
> 2　教師が1人でしゃべらない

1　次から次へと課題を出さない

　生徒は1つの課題への取り組みを指示されると，基本的にがんばって活動を進めていきます。

　がんばって課題の解決ができたとき，「では，次にこのことについて考えましょう」と言われたらどう思うでしょうか。

　例えば，「少年の日の思い出」で，「僕」が自分の行った過ちを「エーミール」に謝罪した場面での，「僕」の心情の変化を考える活動を行い，反省から怒り，絶望といった変化について読み取ったとします。

　課題を解決した生徒たちは満足感をもちます。

　その後，同じ授業の中で「では，次に，蝶をつぶしてしまったときの『僕』の心情はどのようなものだったのでしょう？」と問われたら，どんな気持ちになるでしょう。

　「エーミール」とのやりとりから理解した「僕」の心情を基にして，積極的に考えていく生徒もいるでしょう。

　けれども，課題を解決する能力とは別の次元で，また課題の魅力とは別の次元で，「まだ，考えるの？　もううんざり」と思う生徒は大勢います。このようなことが繰り返されていくと，授業がどんどん重たくなっていきます。

第11章　学習する空気のつくり方がもっとうまくなる3の技

1つのことが終わったと思ったら，次の指示が出て，次のことに取り組まないといけないということは，大人でもいやでしょう。

　1時間の授業は，導入で学習課題をはっきりと示し，その解決に向けた取り組みで完結するものにしましょう。

2　教師が1人でしゃべらない

　教師がずーっとしゃべっていて，生徒の発言がほとんどないという授業。中学校でよくある風景です。

　そのようになる要因は3つあります。

　1つ目は，**その教材の深い読みを生徒に理解してほしいから**です。「故郷」にしても「走れメロス」にしても，作品には魅力がたっぷりと詰まっています。それを生徒に教えたいという思いによります。2つ目は，**話し合い等の活動を入れると能率が悪いから**です。定期テストまでに終わらせなければならない範囲をこなすには，生徒同士の話し合い活動などをしていたら間に合わないという発想です。3つ目は，**自信がないから**です。実は，教師がしゃべり続けるのはこの要因が最も大きいのではないでしょうか。生徒に話し合い活動を委ねるとどうなってしまうのか自信がない，発問に対してだれも挙手等の反応をしないということへの恐怖心，こういったことが要因となり，50分間とにかくしゃべりっ放しという状態になってしまうのです。

　話が楽しければ，また，話がうまければ，生徒の多くは喜ぶでしょう。けれども，一方で，自分で考え意見を述べる場面がないので，教師の長い話につき合えない生徒は，平気で居眠りをするようになってしまいます。

　授業の主役は生徒です。生徒が考え，生徒が検討し合い，答えを生徒が出していくようでなければ，力はついていきません。また，説明されたことをノートに書いていることに慣らされた生徒はどんどん受け身になります。時には，教師がしっかりと説明することも学習したことの質を上げるためには必要ですが，生徒に考えさせ，説明させることを大切にしていきましょう。

147

50 ほめて，ほめて，表現を引き出す

ポイント
1 何をほめるか，はっきりさせる
2 ほめるときには，本気でほめる

1 何をほめるか，はっきりさせる

　大人でもそうですが，自分がしたことについてほめられるとうれしいものです。

　そして，したことに対して自信をもつことができます。また，次への意欲も生まれます。

　それは，中学生に対しても同様です。特に，自尊感情が低くなりがちで，不安の強い思春期の生徒にとって，自分のしたことに対してほめられることは，前向きに頑張っていくための大きなエネルギーとなります。

　だから，教師は授業の中で生徒をたくさんほめることが必要になります。その際，心がけるポイントが2つあります。

　1つ目のポイントは，**何をほめるのかをはっきりさせる**ということです。

　例えば，小説の解釈を行っている授業。ある生徒がノートに書いた自分の考えを教師に見せ，教師は「よくできたねぇ」と返したとします。その生徒は自信をもって発言するのですが，その内容が正解とはずれていて，他の生徒から反論されたとします。その生徒から教師にほめられた自信は失せ，代わりに抱くのは教師に対する不信感です。

　生徒が学習に参加し，自分の考えをもてたことそのものに対してほめてい

るのか，その生徒の考えに対してほめているのかが，生徒にとってはっきり
していないと，このような悲劇につながります。

　何に対してほめるのかをはっきりさせるためには，生徒のノート等を見る
前に何を評価するのかを伝えることや，ほめるときに，**「この考え，とても
いいですね」**とか，**「がんばってたくさん書けましたね」**など，**何に対して
ほめているのかを伝えることが大切**です。

2　ほめるときには，本気でほめる

　生徒が教師にノートに書いた自分の考えを見せるとき，あらかじめ自信を
もっている場合もありますが，「こんな考えでいいのかなぁ」という不安を
もっている場合も多くあります。ノートを見た教師が，生徒の目を見て，力
強く「すばらしい考えですね！」と本気でほめることで，生徒は自信をもつ
ことができます。つまり2つ目のポイントは**本気でほめる**ということです。

　反対に，ほめているのだけれど，教師の声に張りがなかったり，ノートに
目を落としたままで，生徒と目を合わせずにしゃべっていたりするようだと，
教師のほめ言葉は，生徒の心には届きません。

　また，「すばらしい！」と大きな声で言っているのだけれども，生徒に響
かない場合もあります。それは，客観的にみて，どう考えてもほめられるレ
ベルではないときにほめるケースです。

　繰り返しになりますが，中学生は，半分大人です。物事を客観的に見る目
が育っています。だから，いい加減なほめ言葉は通用しません。プライドも
あります。「ほめれば動くと思っているんでしょ。バカにしないで」という
思いをもっています。

　「先生，なんでこの文章をほめてくれるんですか」と生徒に聞かれたとき
に，よさを生徒が納得するようにしっかり意味づけられるよう責任をもち，
本気で生徒をほめましょう。

おわりに

　小学校から中学校に異動した春。授業がまったくうまくいきませんでした。発問に対し，生徒の反応はほとんどなく，授業が思い通りに進みません。

　そのうちに私語も多く交わされるようになり，教室の床には前時使用したワークシートが散らかるようになっていきました。

　なぜそうなってしまったのか，突きつけられた大きな課題は２つだったと思います。

　１つは，「授業プランの引き出し」です。

　教材の特徴やそれぞれの領域に合わせたプランが少ないため，授業がマンネリ化してしまい，生徒はどんどんやる気を失っていきました。

　もう１つは「１時間で勝負する授業」です。

　小学校では，１日の授業のほとんどを担任が行います。従って，教室の雰囲気も自分がコントロールできました。けれども中学校での授業は，週に３回，あるいは４回です。教室の雰囲気は，教室に行く度に変化します。雰囲気の変化，つまり，生徒の実態の変化に対応した授業ができなかったため，生徒との意識がどんどん離れていきました。

　そこで心がけたことは，楽しく，力がつくいろいろな授業プランを考えることと，生徒の実態に合わせた１時間の授業づくりです。

　本書は，苦しみの日々の中，自分がやってみて手ごたえがあったことを中心にまとめたものです。日々の授業に悩む先生をはじめ，多くの先生方にとって本書が少しでも参考になれば幸いです。

　最後になりましたが，本書の上梓にあたっては，明治図書出版の矢口郁雄様に大変お世話になりました。心よりお礼申し上げます。

2019年４月

　　　　　　　　　　　　　　　　　　　　　　　　　　　　小林　康宏

【著者紹介】

小林　康宏（こばやし　やすひろ）

長野県生まれ。和歌山信愛大学教育学部教授。横浜国立大学大学院修了後，長野県内の公立小中学校に勤務。元長野県教育委員会指導主事。日本国語教育学会会員。全国大学国語教育学会会員。夢の国語授業研究会幹事。東京書籍小学校国語教科書「新しい国語」編集委員。

著書に，『見方・つくり方のすべてがわかる　研究授業パーフェクトガイドブック』『「言葉による見方・考え方」を育てる！子どもに確かな力がつく授業づくり7の原則×発問＆指示』『基幹学力をつくる音声言語活動』（いずれも明治図書）『小学校国語　「見方・考え方」が働く授業デザイン　展開7原則と指導モデル40プラスα』（東洋館出版社）ほか。

中学校　国語の授業がもっとうまくなる50の技

2019年6月初版第1刷刊	©著　者	小　林　康　宏
	発行者	藤　原　光　政
	発行所	明治図書出版株式会社

https://www.meijitosho.co.jp
（企画）矢口郁雄　（校正）大内奈々子
〒114-0023　東京都北区滝野川7-46-1
振替00160-5-151318　電話03(5907)6701
ご注文窓口　電話03(5907)6668

＊検印省略　　組版所　株式会社木元省美堂

本書の無断コピーは，著作権・出版権にふれます。ご注意ください。

Printed in Japan　　ISBN978-4-18-293212-0
もれなくクーポンがもらえる！読者アンケートはこちらから　→

今日から使える 中学校国語 指導技術 アイデア事典

60 skills for the Teachers of Japanese Language

鈴木一史 編著／授業づくり研究会 著

生徒の発言をつなぐ指示と発問の技術、クラスの語彙が自然に増える掲示の技術、短作文を書く力を育てる技術…等々、発問、板書からアイテム活用、グループ学習まで、10ジャンル60本のすぐに使える国語授業づくりの技術を大公開！

もくじ

第1章　国語教室の技は学びの技
**　　　　言語生活に生きる技を使おう**
1　「技」とは何か
2　指導の技・学びの技
3　技と思考

第2章　今日から使える国語の指導技術60
・語彙を増やすミニノート活用の技術（アイテム活用）
・説明的文章をクリティカルに読ませる
　3つの問いの技術（発問）
・バランスよく文字を書く技術（板書）
・単元のゴールを掲示物に生かす技術（学習環境）
・付箋で考えを分類・集約させる技術（グループ学習）
　…ほか10ジャンル60本の授業づくりの技を収録！

136ページ　A5判　1,900円+税　図書番号：2606

明治図書　携帯・スマートフォンからは **明治図書ONLINE** へ　書籍の検索、注文ができます。　▶▶▶
http://www.meijitosho.co.jp　＊併記4桁の図書番号（英数字）でHP、携帯での検索・注文が簡単に行えます。
〒114-0023　東京都北区滝野川7-46-1　ご注文窓口　TEL 03-5907-6668　FAX 050-3156-2790

＊価格は全て本体価表示です。